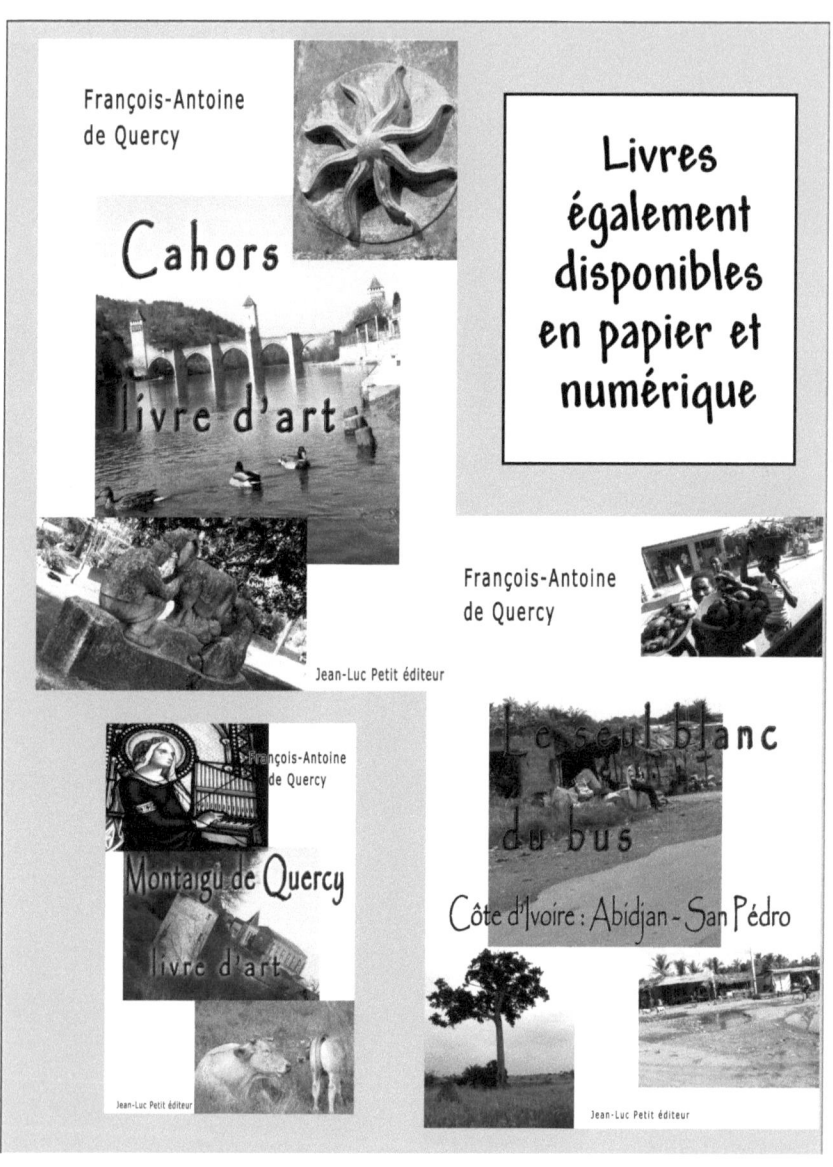

Jean-Gabriel Perboyre, le lotois mort sur la croix

(Album en couleur)

Du même auteur*

Sous le nom de **François-Antoine de Quercy** :

L'homme du 11 septembre
Cahors, livre d'art
Montcuq, livre d'art
Montaigu de Quercy, livre d'art
Quercy Blanc, livre d'art
Le seul blanc du bus

Sous d'autres noms

Romans

Le Roman de la Révolution Numérique
Ils ne sont pas intervenus (le livre des conséquences)
Le roman du show-biz et de la sagesse
Quand les familles sans toit sont entrées dans les maisons fermées
Liberté j'ignorais tant de Toi
Viré, viré, viré, même viré du Rmi !

Théâtre

Neuf femmes et la star
Les secrets de maître Pierre, notaire de campagne
Ça magouille aux assurances
Chanteur, écrivain : même cirque
Deux sœurs et un contrôle fiscal
Amour, sud et chansons
Pourquoi est-il venu :
Aventures d'écrivains régionaux
Avant les élections présidentielles
Scènes de campagne, scènes du Quercy
Blaise Pascal serait webmaster
Trois femmes et un Amour
J'avais 25 ans
La fille aux 200 doudous

* extrait du catalogue, voir page 124

François-Antoine de Quercy

Jean-Gabriel Perboyre, le lotois mort sur la croix

(Album en couleur)

Jean-Luc Petit éditeur - Collection Lot

L'éditeur versant lotois :

http://www.lotois.fr

Tout simplement et logiquement !

Tous droits de traduction, de reproduction, d'utilisation, d'interprétation et d'adaptation réservés pour tous pays, pour toutes planètes, pour tous univers.

Site officiel : http://www.ecrivain.pro

© Jean-Luc PETIT - BP 17 - 46800 Montcuq – France

Jean-Gabriel Perboyre, le lotois mort sur la croix

(Album en couleur)

Jean-Gabriel Perboyre aurait pu n'être qu'un des innombrables "Saints invisibles" mais il a bénéficié d'une béatification, par Léon XIII, à l'époque d'un fort investissement de sa région natale dans ses églises.
Le 10 novembre 1889, le "berger lotois" devenait ainsi "Bienheureux" et ce terme figure sur de magnifiques vitraux où sa crucifixion étonne d'abord le photographe... Un homme sur une croix... et ce n'est pas Jésus...

Mort sur une croix en Chine en 1840, comme il l'espéra durant des années, Jean-Gabriel Perboyre est depuis devenu le "*Saint et Martyr du 11 septembre*", en 1996, canonisé par le pape Jean-Paul II.
Aucune mise en valeur particulière ne semble avoir suivi cette consécration et depuis le 11 septembre 2001, il pourrait "gêner" les milieux officiels (missionnaire entré en Chine illégalement pour y propager sa religion, démarche alors punie de la peine de mort) et ne semble pas intéresser les médias, sûrement plus documentés sur Salvador

Allende, devenu le plan B des commémorations de ce jour-là (renversé le 11 septembre 1973).

Livre "lotois"... mais le "département du Lot", il faut l'entendre dans sa configuration originelle, où est né Jean-Gabriel Perboyre en 1802, quand Cahors rayonnait avec Montauban simple sous-préfecture... Avec un détour jusqu'à Villeneuve... sur Lot...

Un livre de photos en couleur, de vitraux réalisés par Gustave-Pierre Dagrant (Bordeaux), Joseph Broué (Montauban), J. Gibert (Montauban), sûrement Louis-Victor Gesta (Toulouse) et de maîtres-verriers non identifiés, de statues et autres représentations...

François-Antoine de Quercy
Juillet 2014

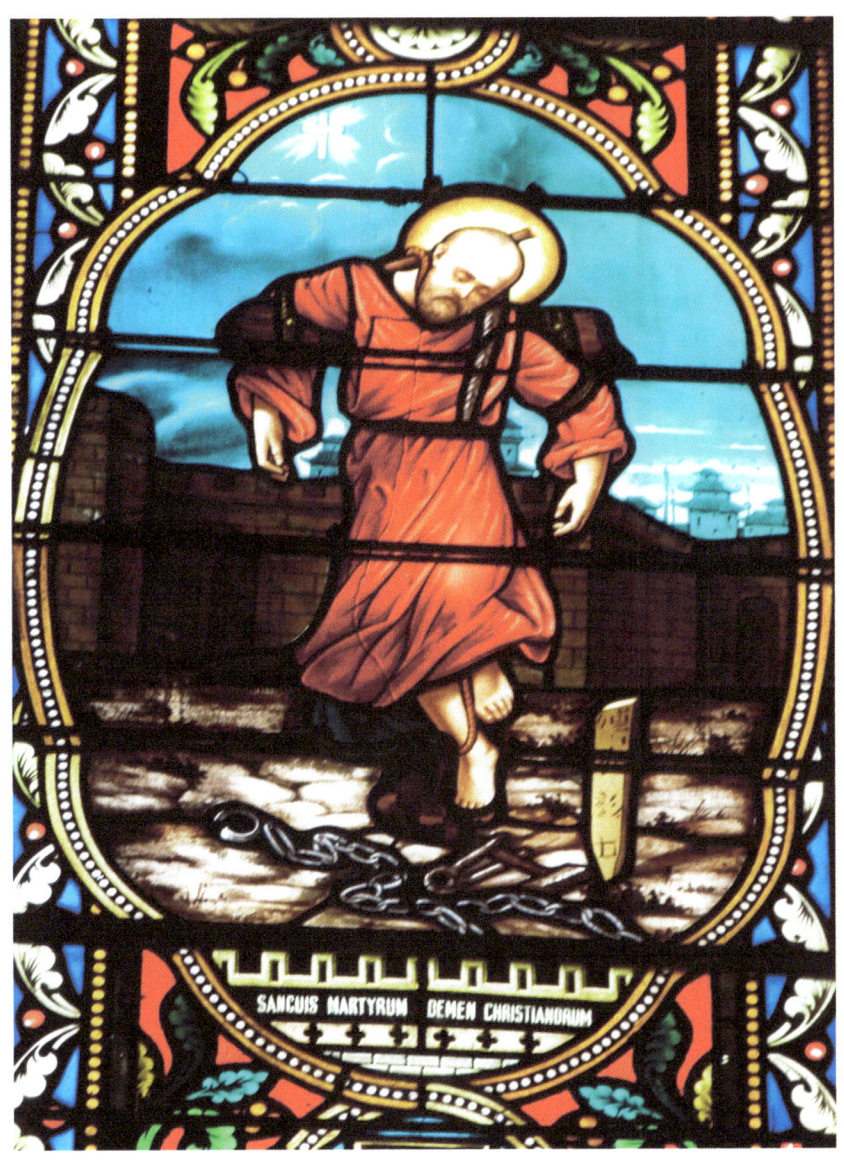

Vitrail réalisé par Gustave-Pierre Dagrant pour l'église d'Albas en 1896.

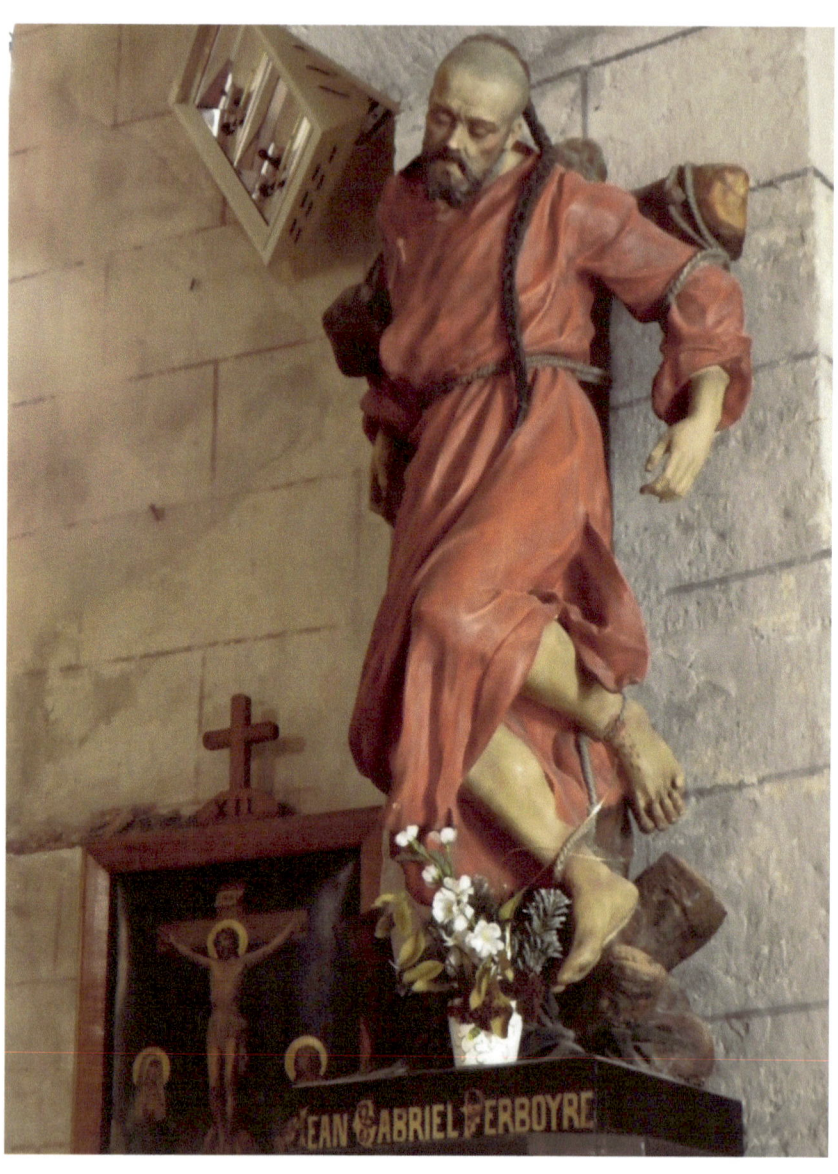

Église de Mercuès.

La première rencontre...

Un homme crucifié... et ce n'est pas Jésus... Des vitraux et des statues à l'intérieur d'églises lotoises... Très peu d'informations sur Internet...

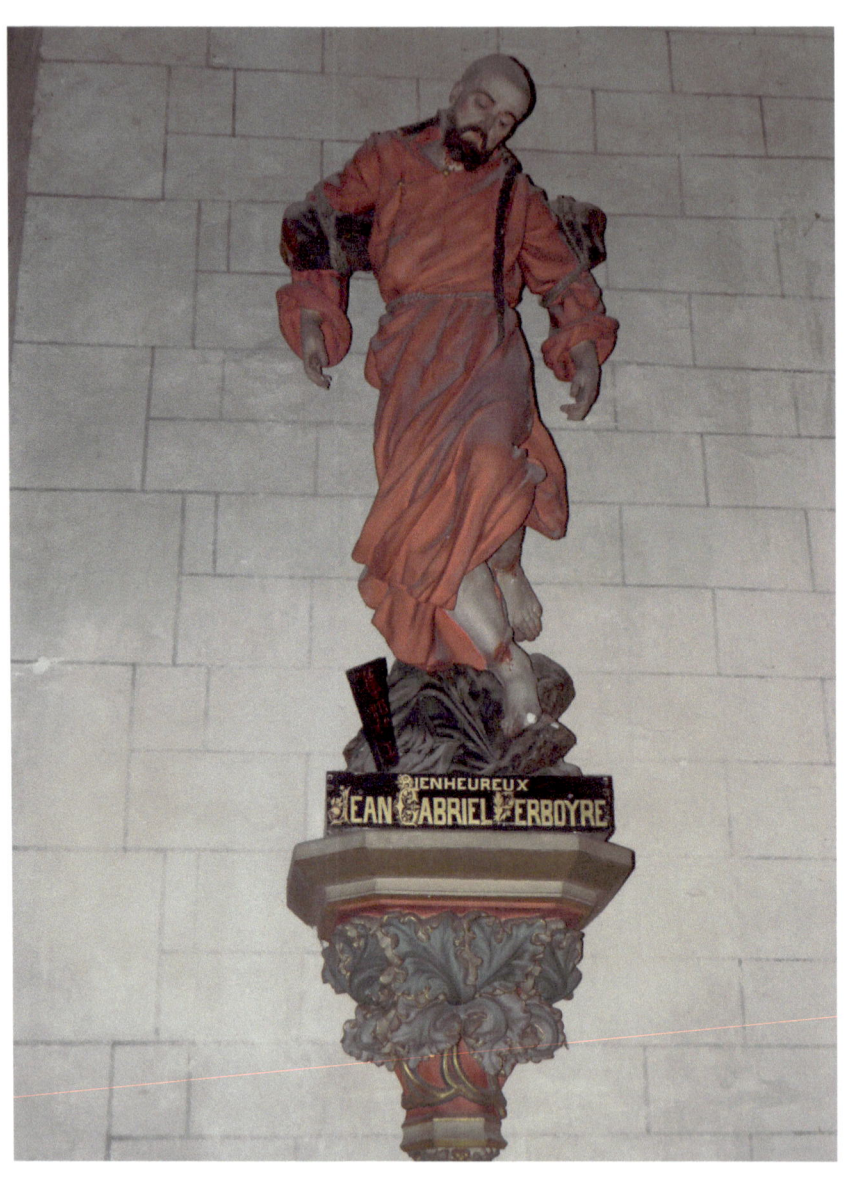

Varaire

Montgesty

Jean-Gabriel Perboyre est né *au Puech* de Montgesty, à une vingtaine de kilomètres au nord de Cahors, le mardi 5 Janvier 1802 et baptisé en l'église de la paroisse le lendemain, mercredi 6 Janvier 1802.
Ou comme l'affirme l'écriteau dans l'actuelle église, baptisé le 7 après être né la veille, jour de l'épiphanie, comme le prétendait l'ecclésiastique ?

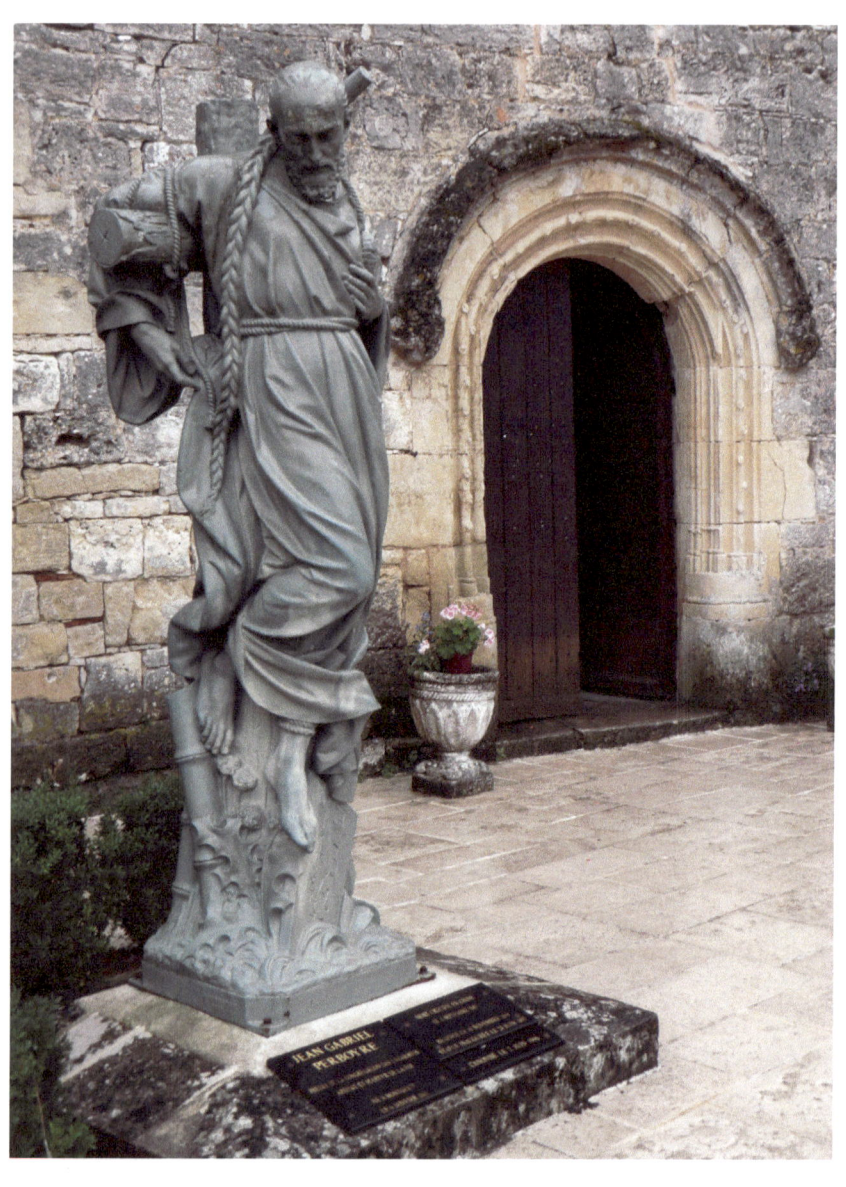

La statue devant l'église de Montgesty

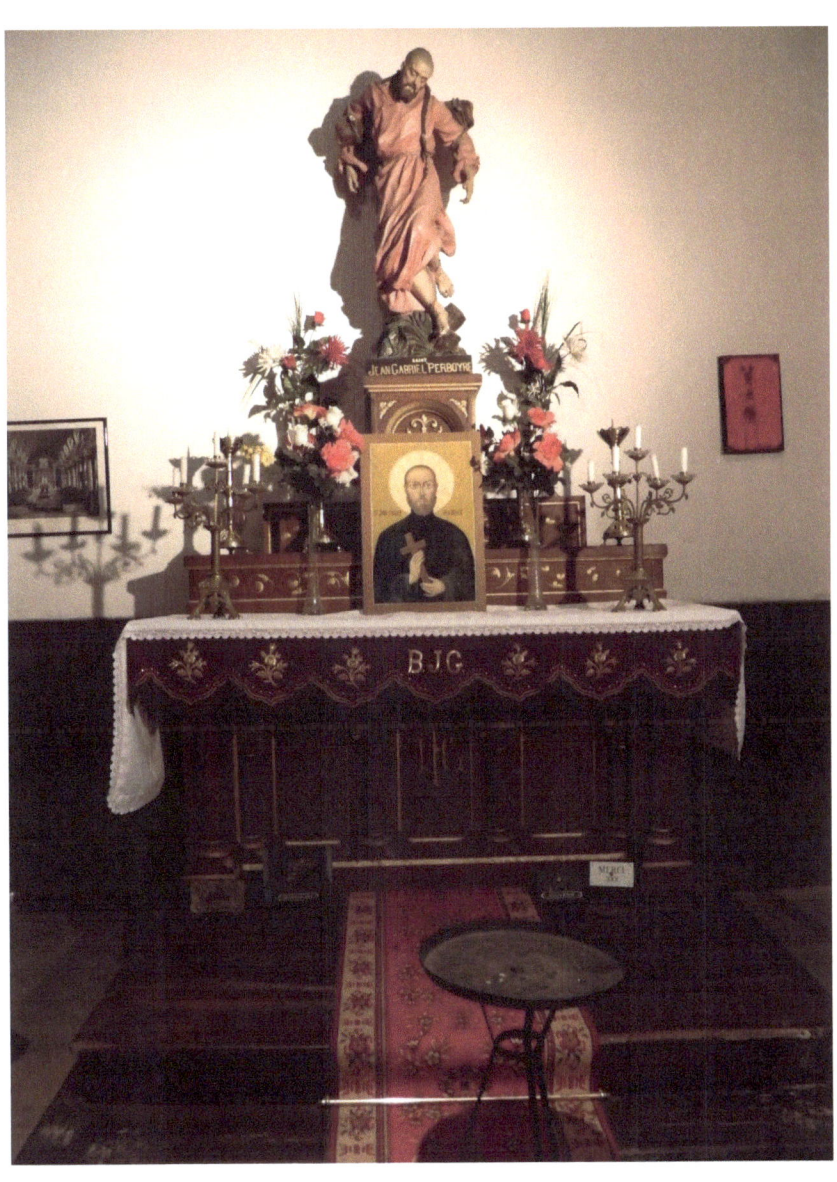

Église de Montgesty.

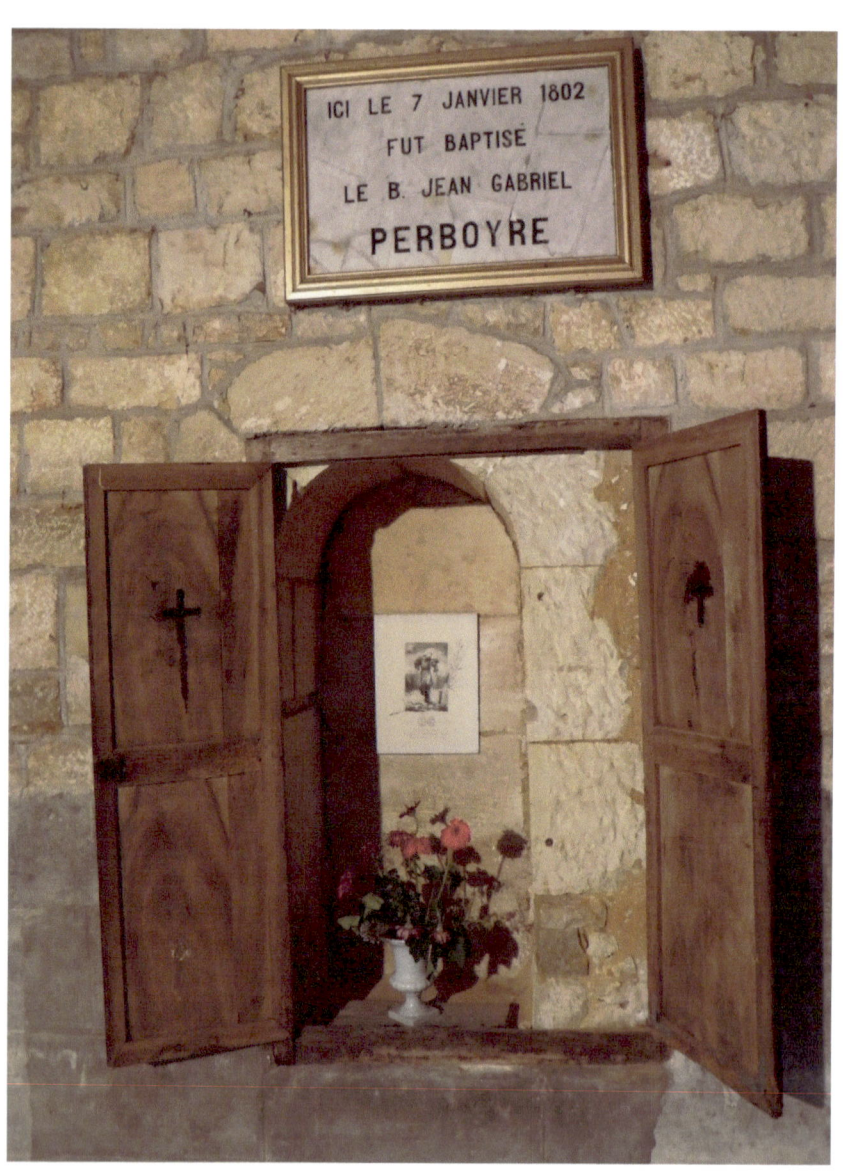

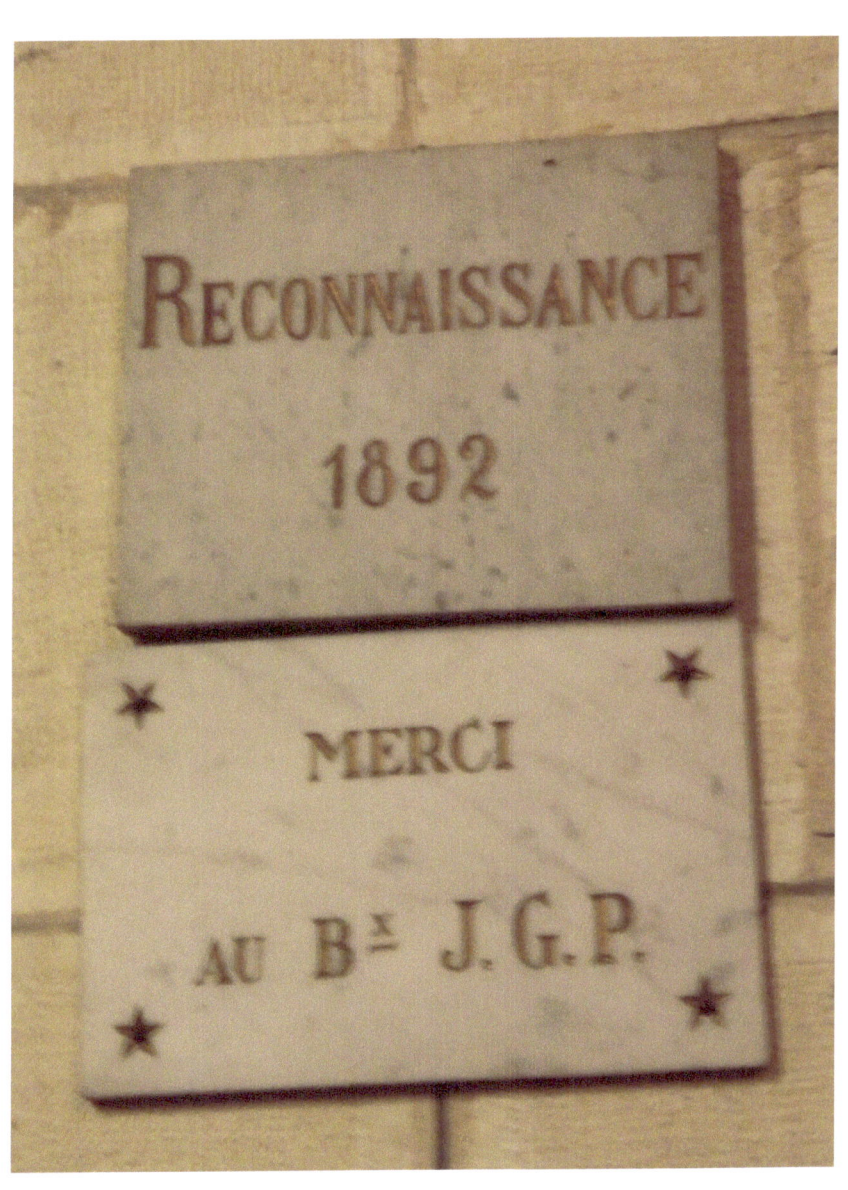

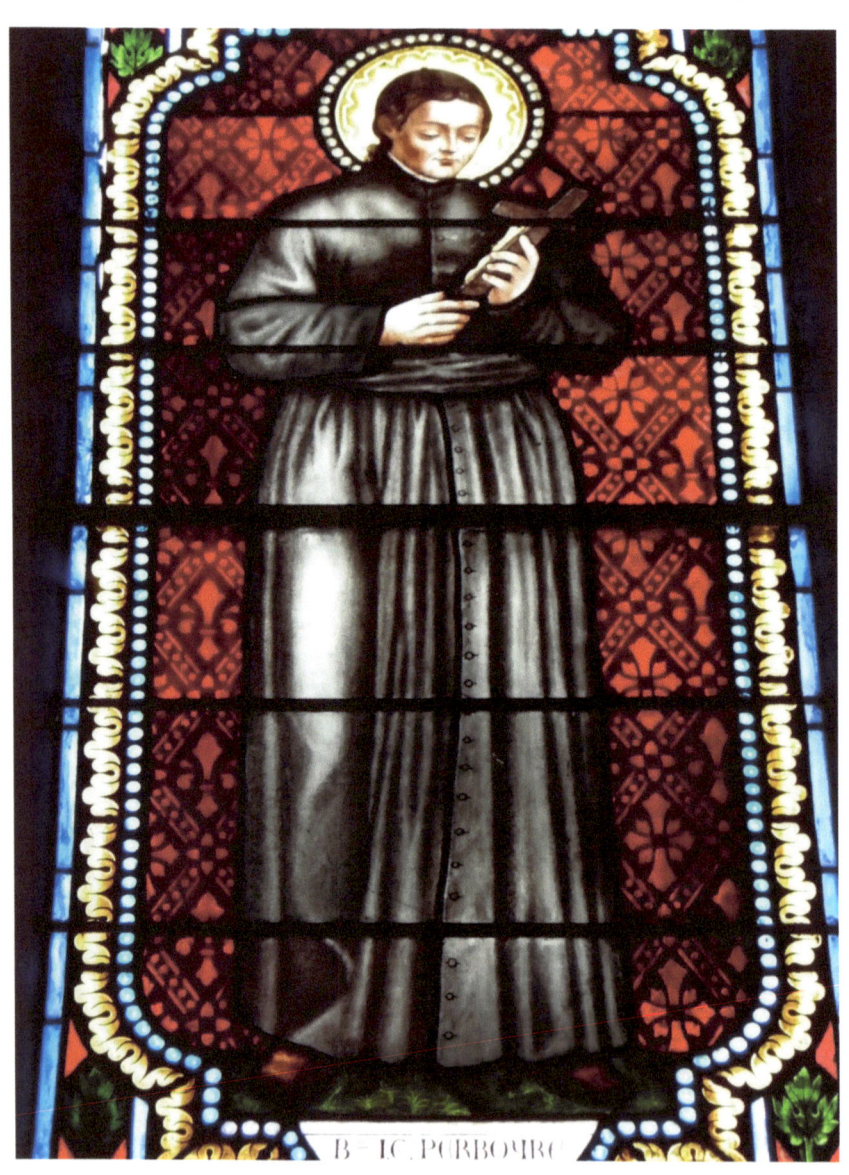

Le vitrail "séminariste" ou "missionnaire" attire moins l'œil que la crucifixion mais dans cette recherche de portraits, il offre des approches intéressantes... À Albas et Fauroux, l'église fut ornée des deux versants de sa vie...

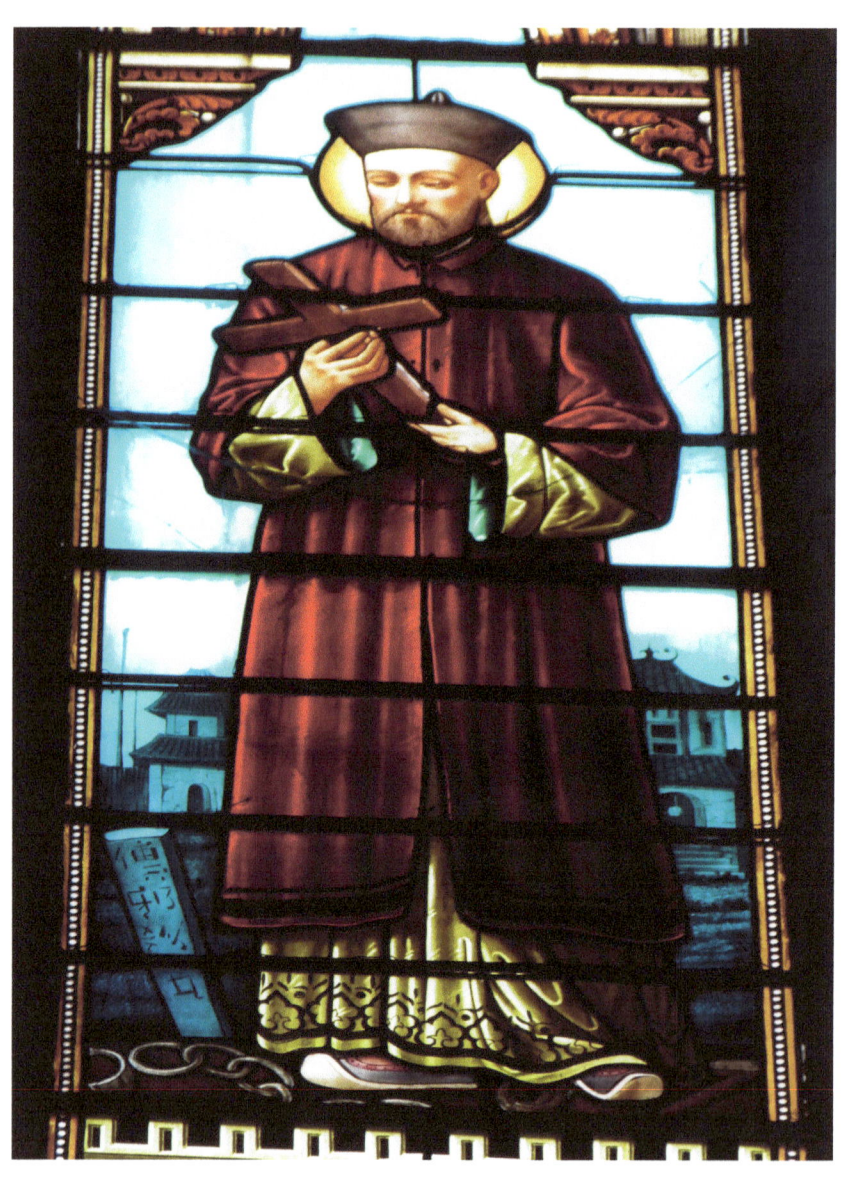

Albas

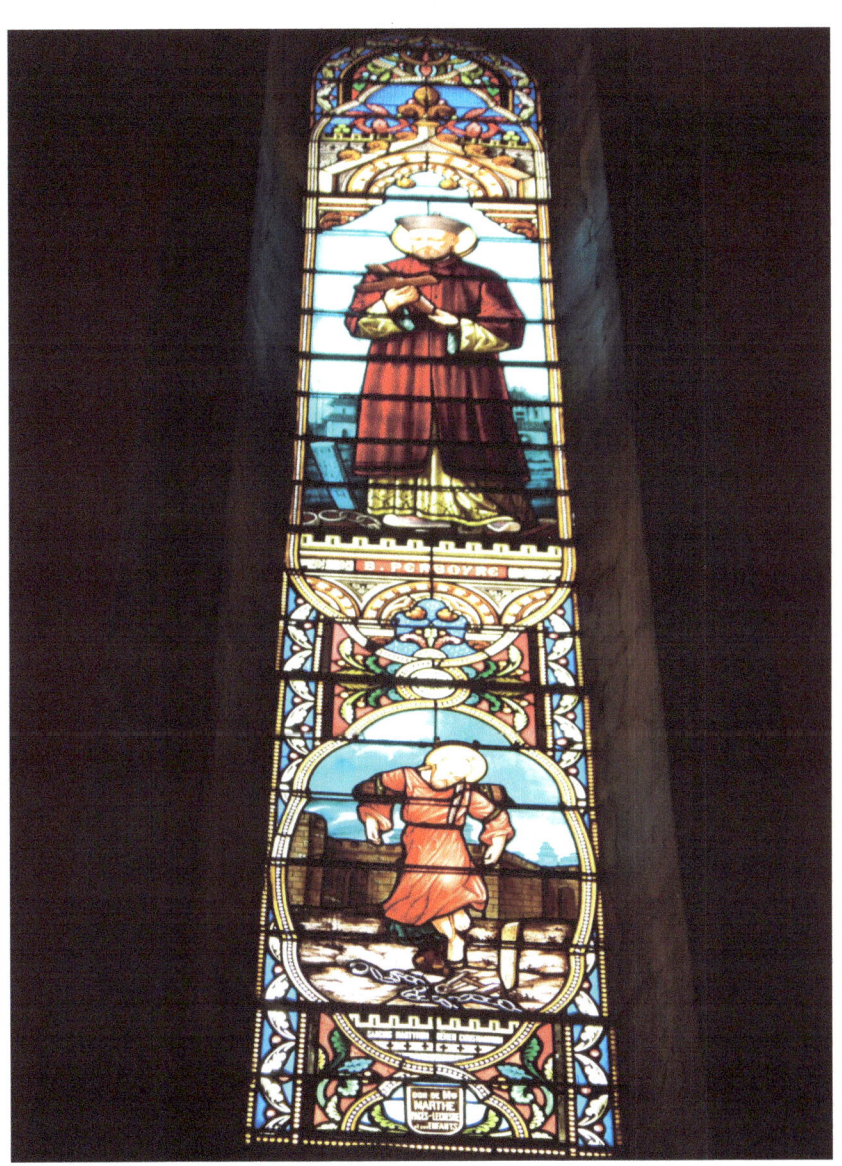

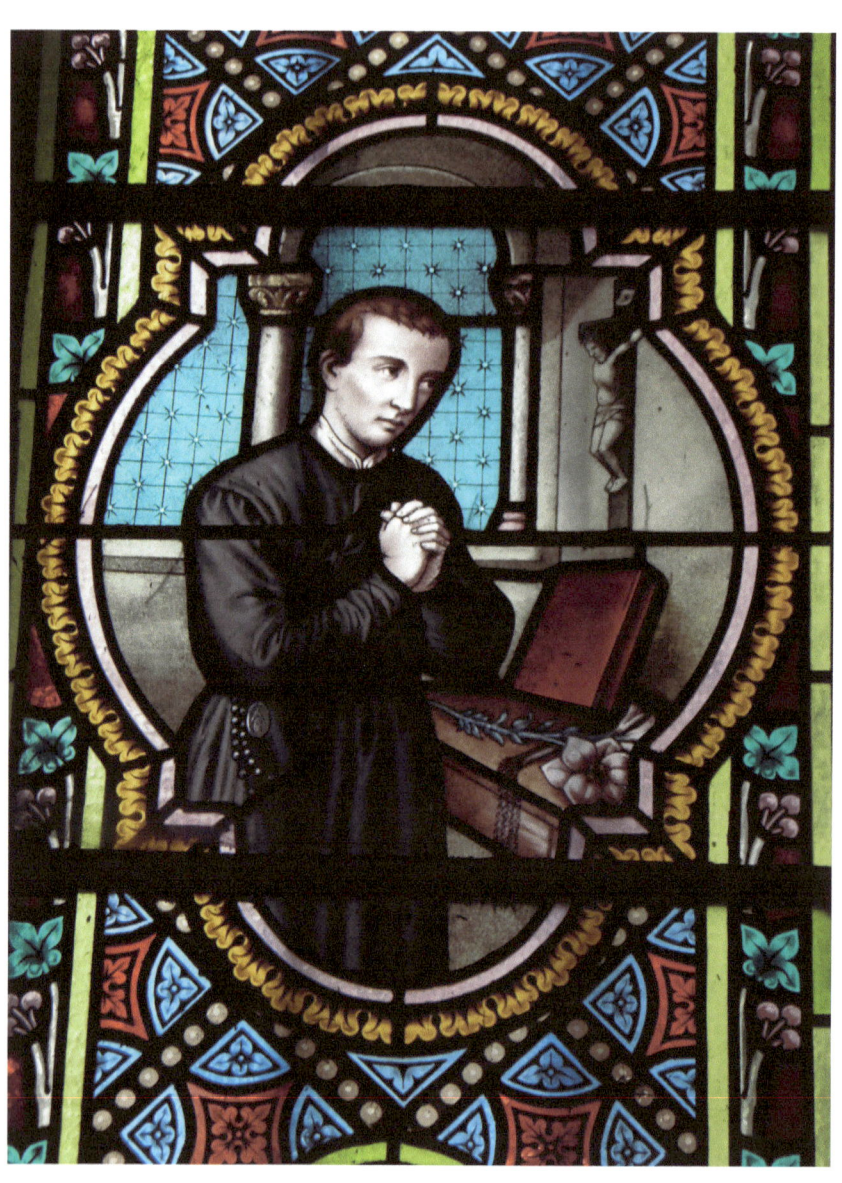

Fauroux

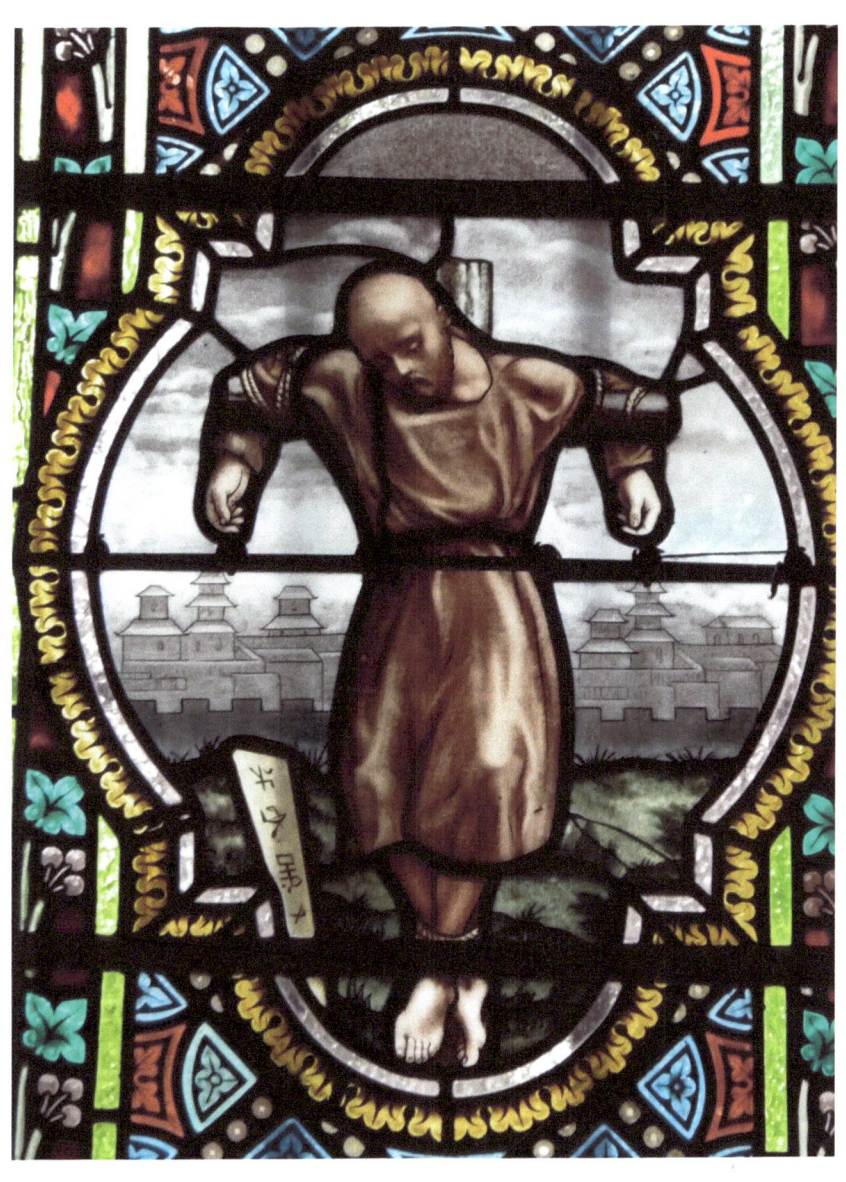

Fauroux

Cahors

Jean-Gabriel Perboyre a peu connu Cahors… il y est passé… il ne semble s'y être arrêté qu'une fois pour saluer ses parents, pressé de rejoindre Paris au point de ne pas profiter du voyage pour séjourner à la maison familiale : « *Il fut appelé à Paris pour ses études théologiques, et il devait passer à Cahors. Ses parents s'y rendirent afin de le voir ; ils le pressèrent de venir pour quelques jours dans son hameau natal : « Ce n'est pas le chemin du ciel, répondit-il ; pour aller au ciel, il faut des sacrifices. »* »

(*Les Deux nouveaux Martyrs : Jean-Gabriel Perboyre, de la congrégation de la Mission, dite des Lazaristes…* édité par H. Castermann (Tournai) en 1890)

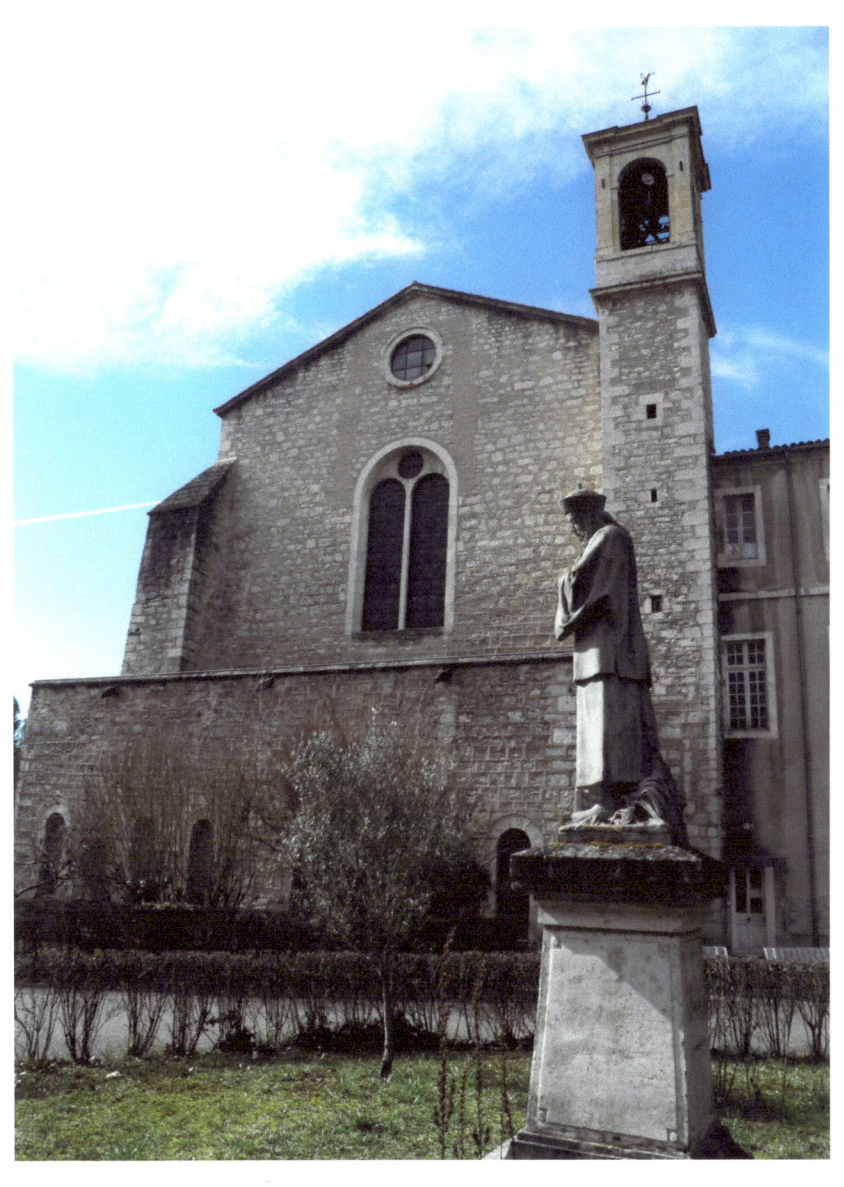

La statue de Cahors

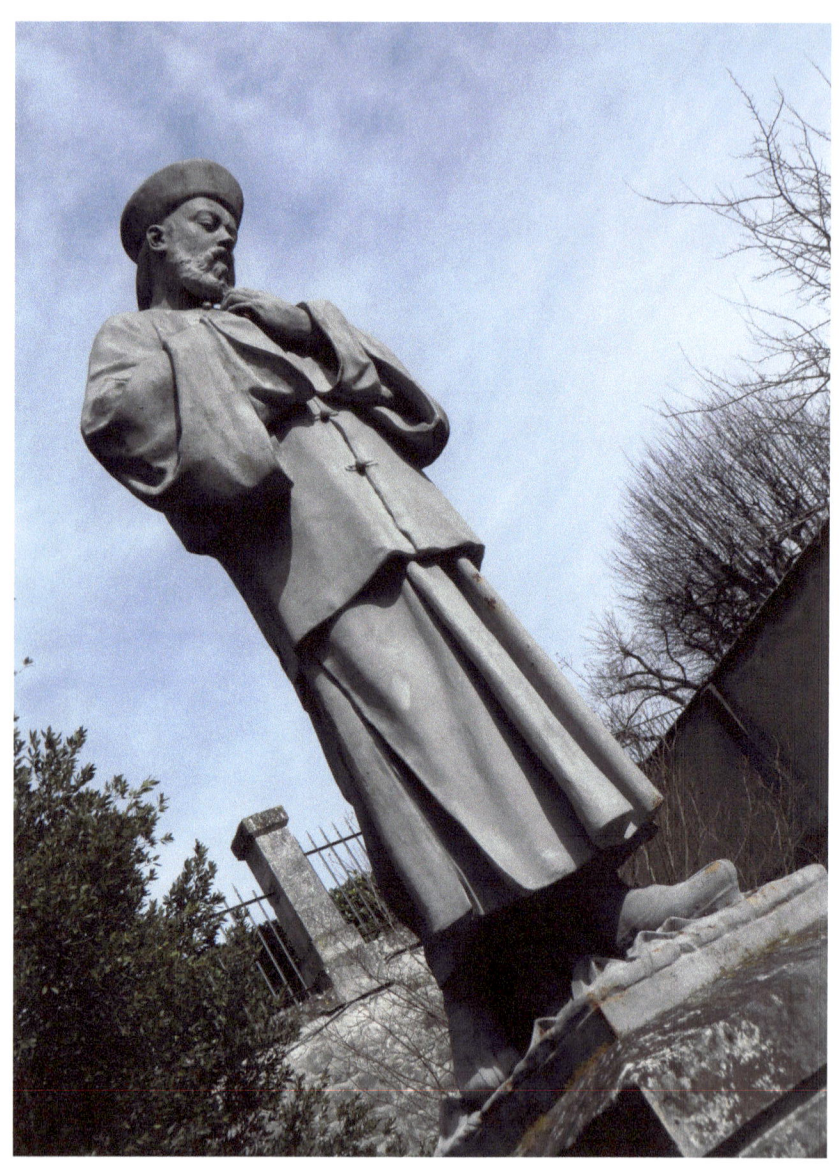

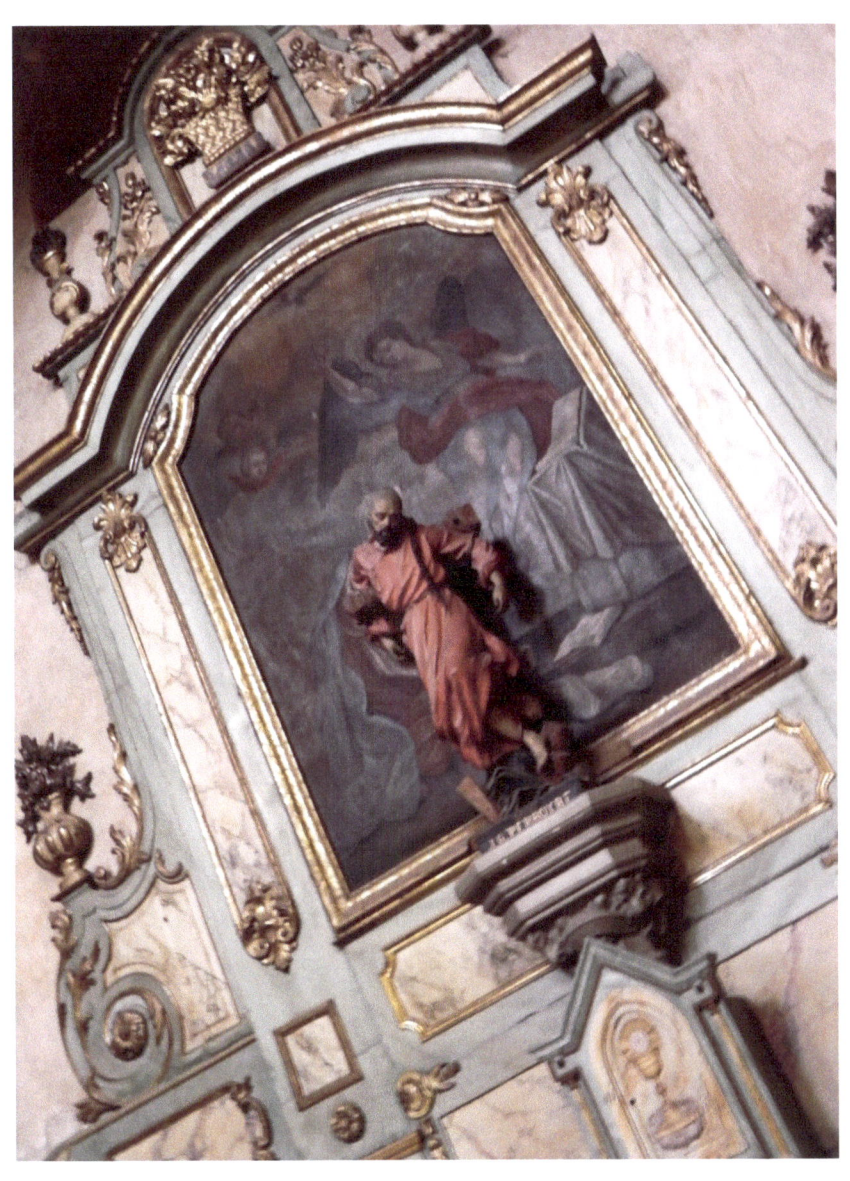

Cathédrale St Etienne

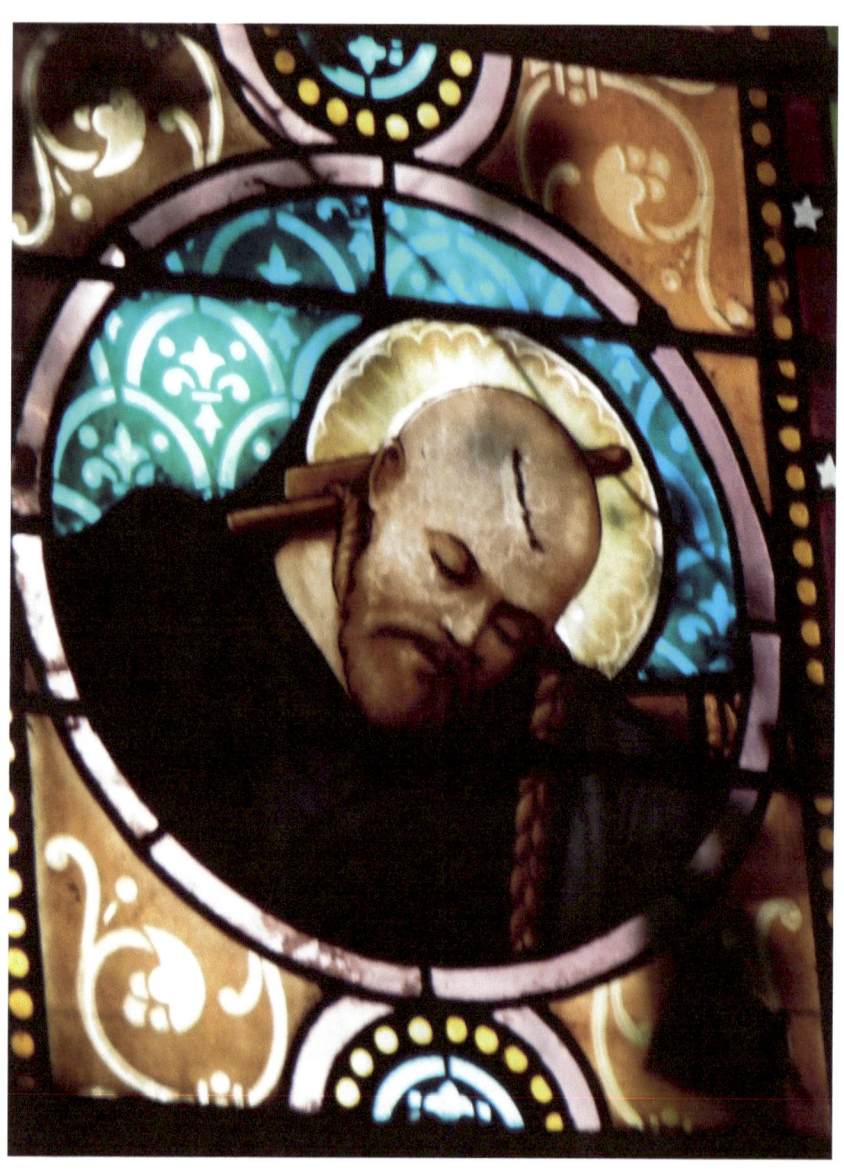

Elle est parfois ouverte, l'église St Urcisse, pour les "journées du Patrimoine." Vitrail non signé, réalisé par Joseph Broué, peintre-verrier de Montauban.

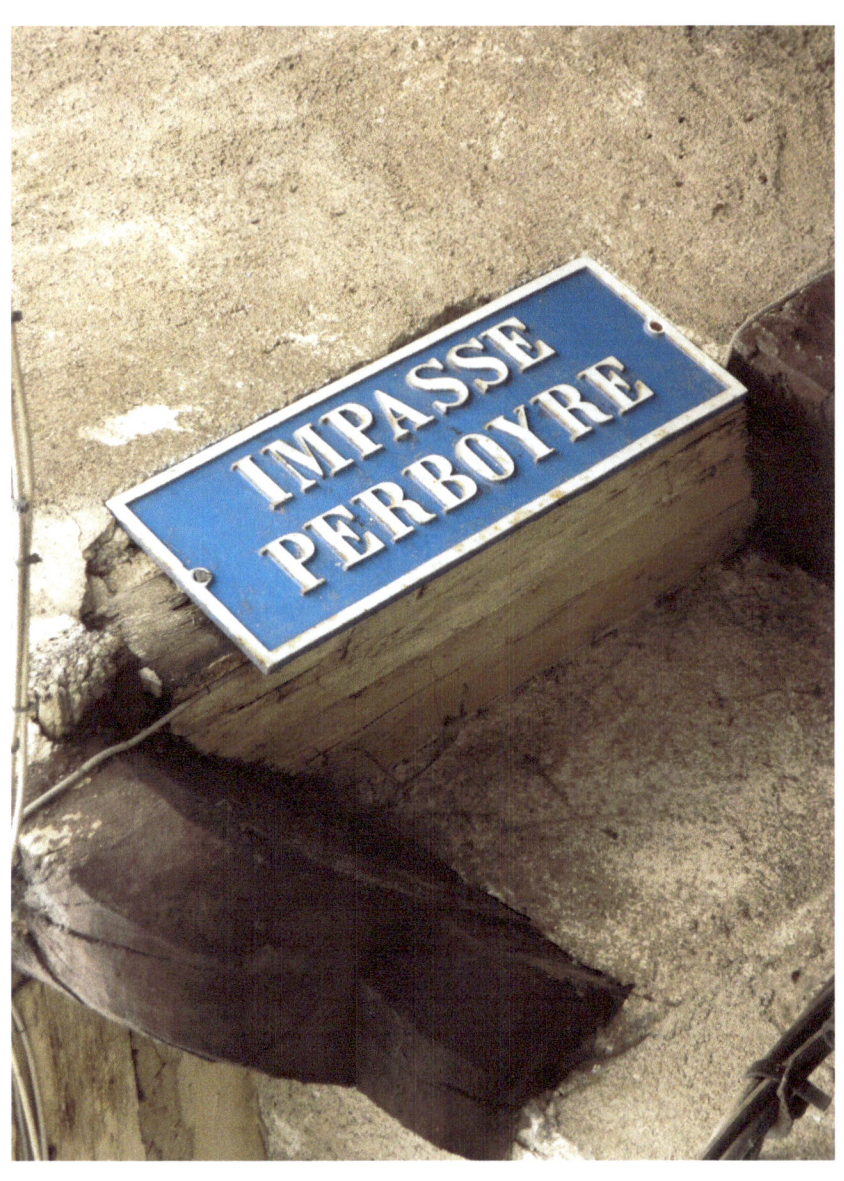

Aucune rue, aucune avenue dans le Lot... Simplement à Cahors cette impasse...

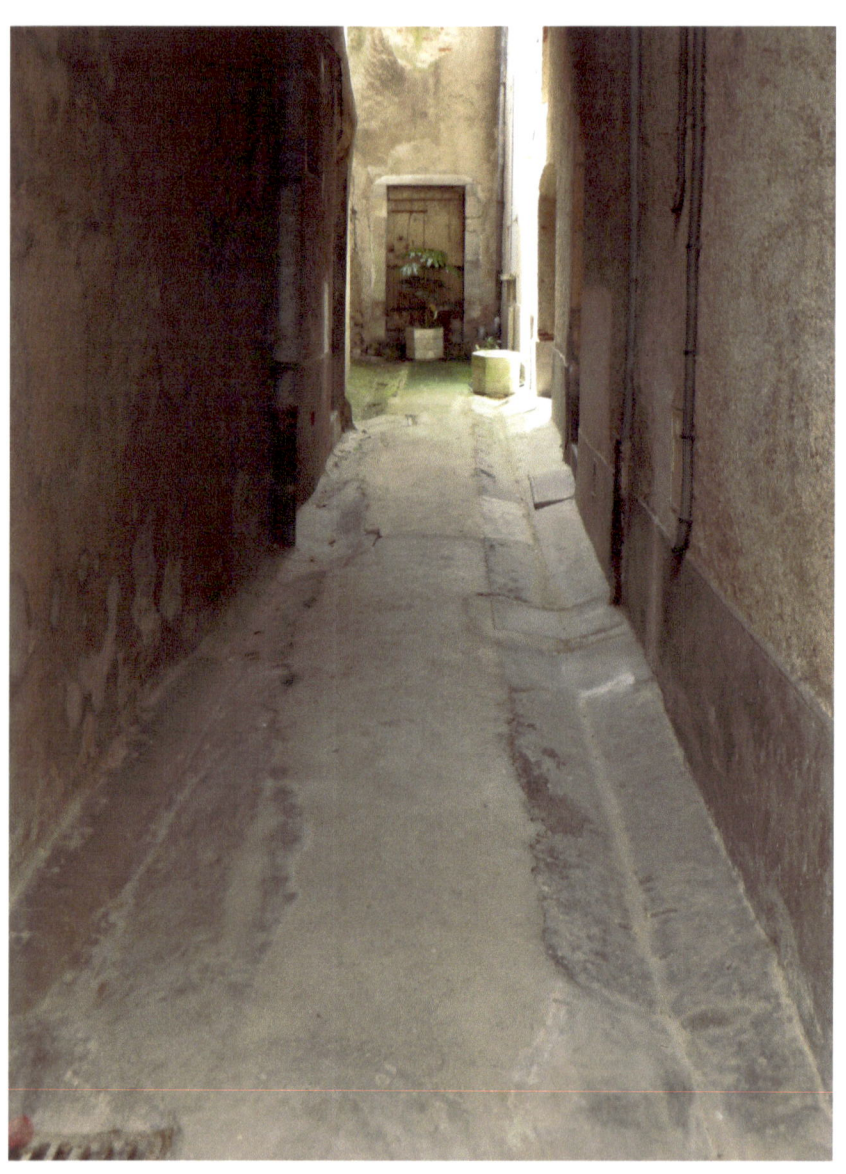

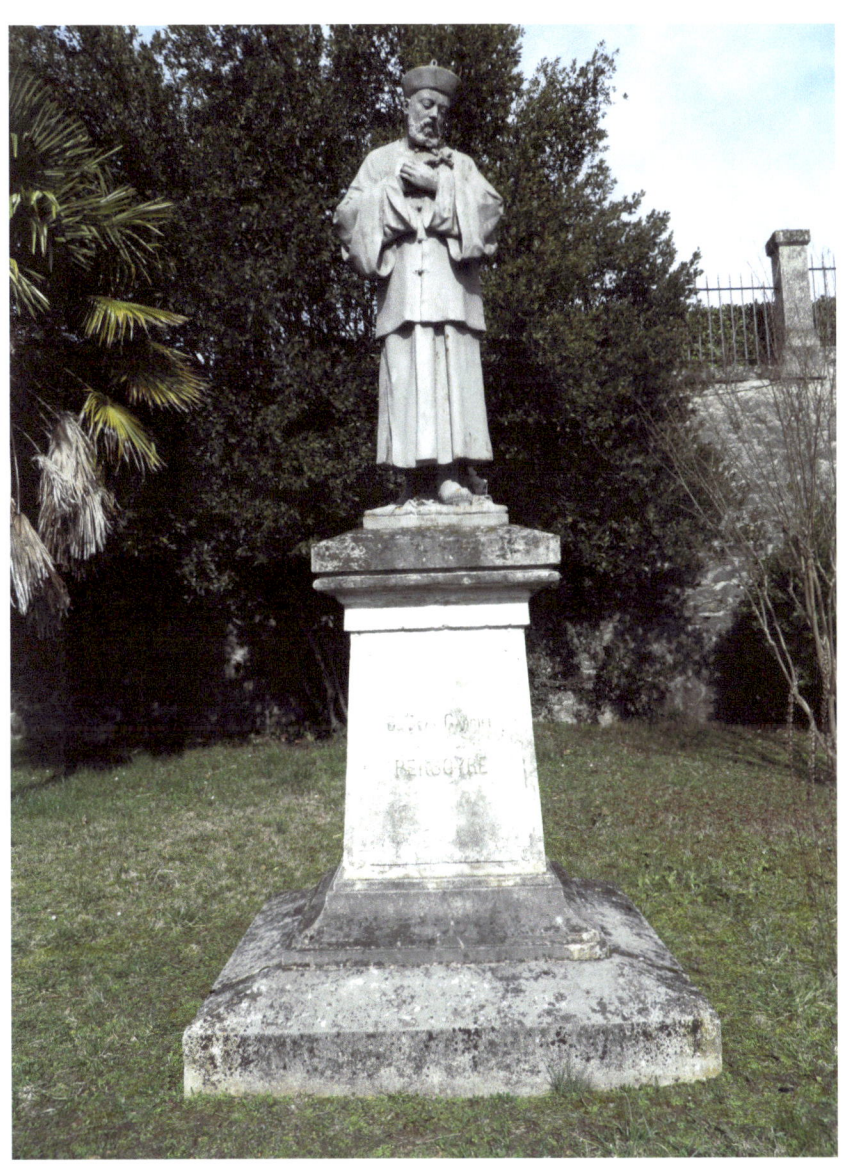

À 14 ans, à l'automne 1816, Jean-Gabriel Perboyre départ au collège de Montauban, mais uniquement pour accompagner quelques mois son jeune frère, Louis, 9 ans.
Jean-Gabriel, l'aîné, était destiné à reprendre l'exploitation agricole familiale.

Jacques, leur oncle, dirige ce *Petit Séminaire* de Montauban où il accueille très volontiers sa famille... et "fin stratège", il réussit à convaincre son frère de lui laisser Jean-Gabriel... à 15 ans, le 16 juin 1817, "il" prend la décision de se préparer au sacerdoce et entre à "la Congrégation de la Mission", toujours à Montauban, le 15 décembre 1818. Ses vœux, il le prononcera le 28 décembre 1820. Puis direction Paris, pour sa théologie, en janvier 1821, où il sera tonsuré le 22 décembre 1821.

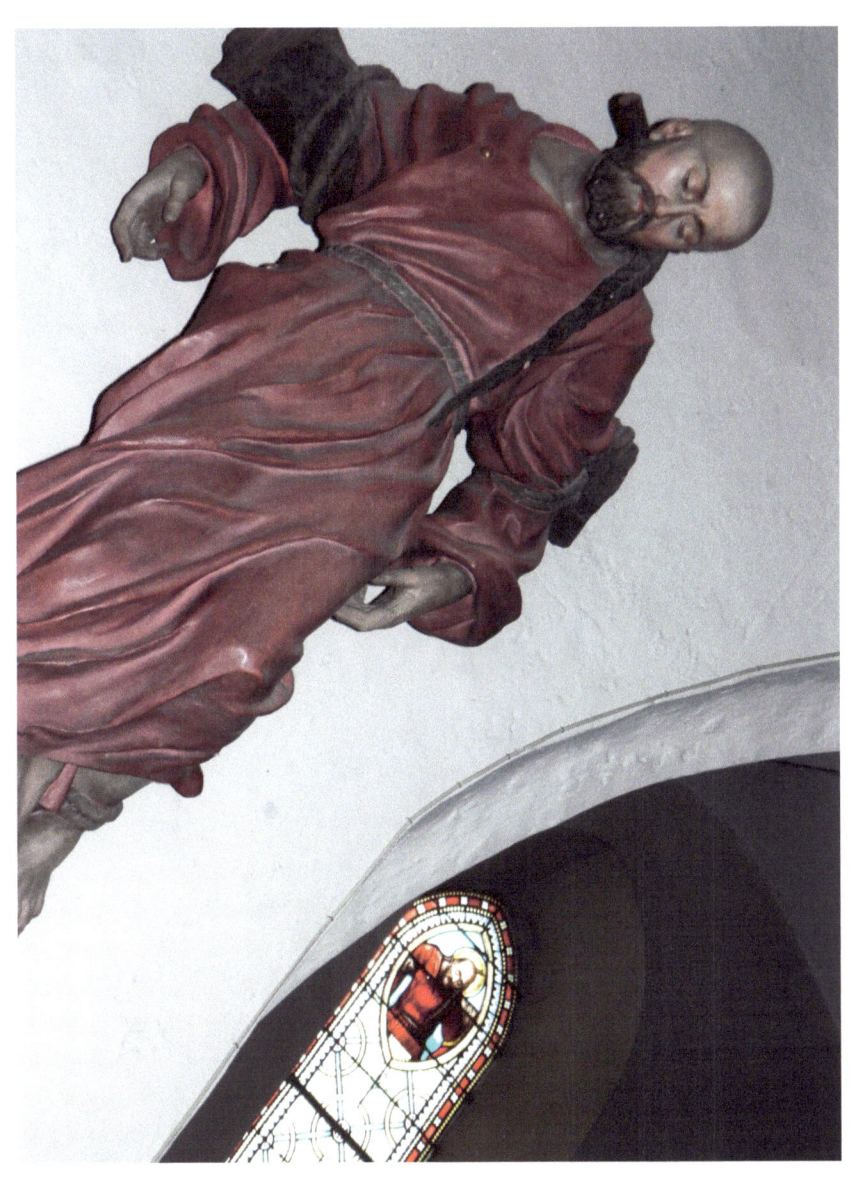

Douelle

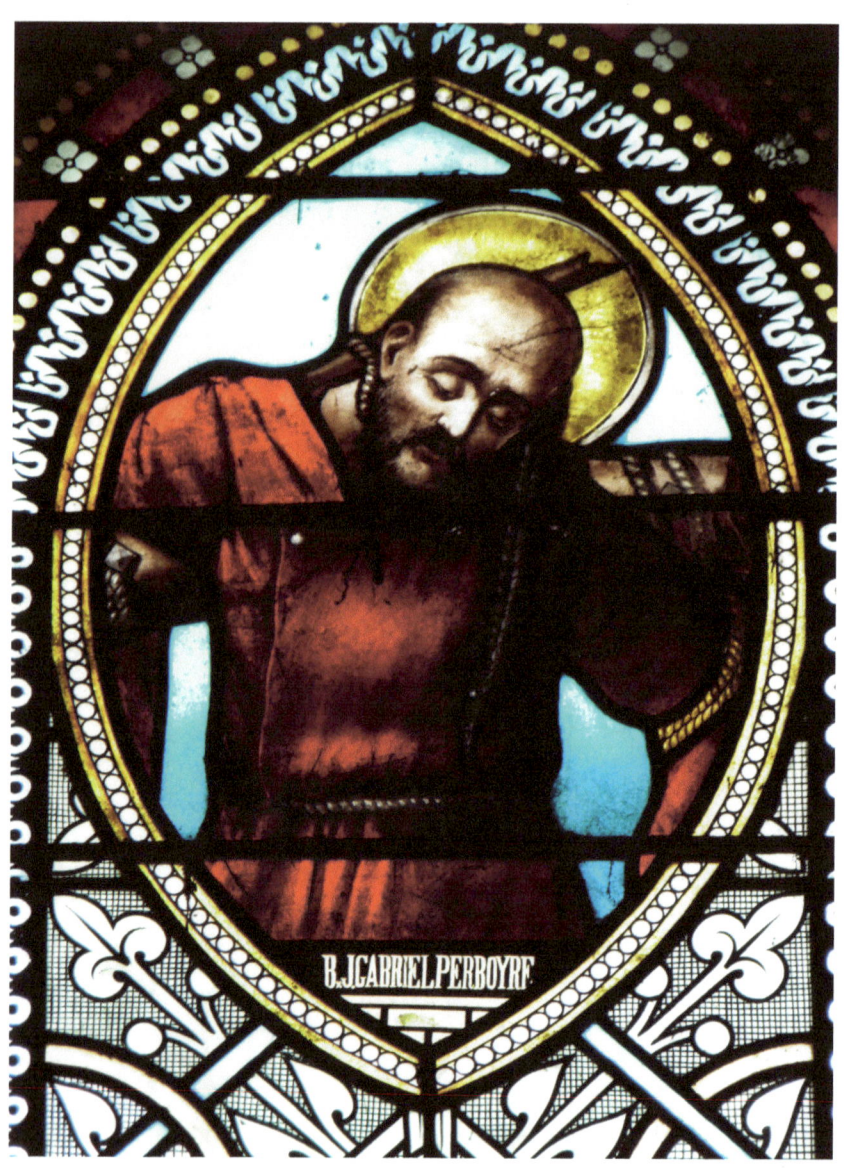

Douelle, le vitrail, réalisé par Dagrant.

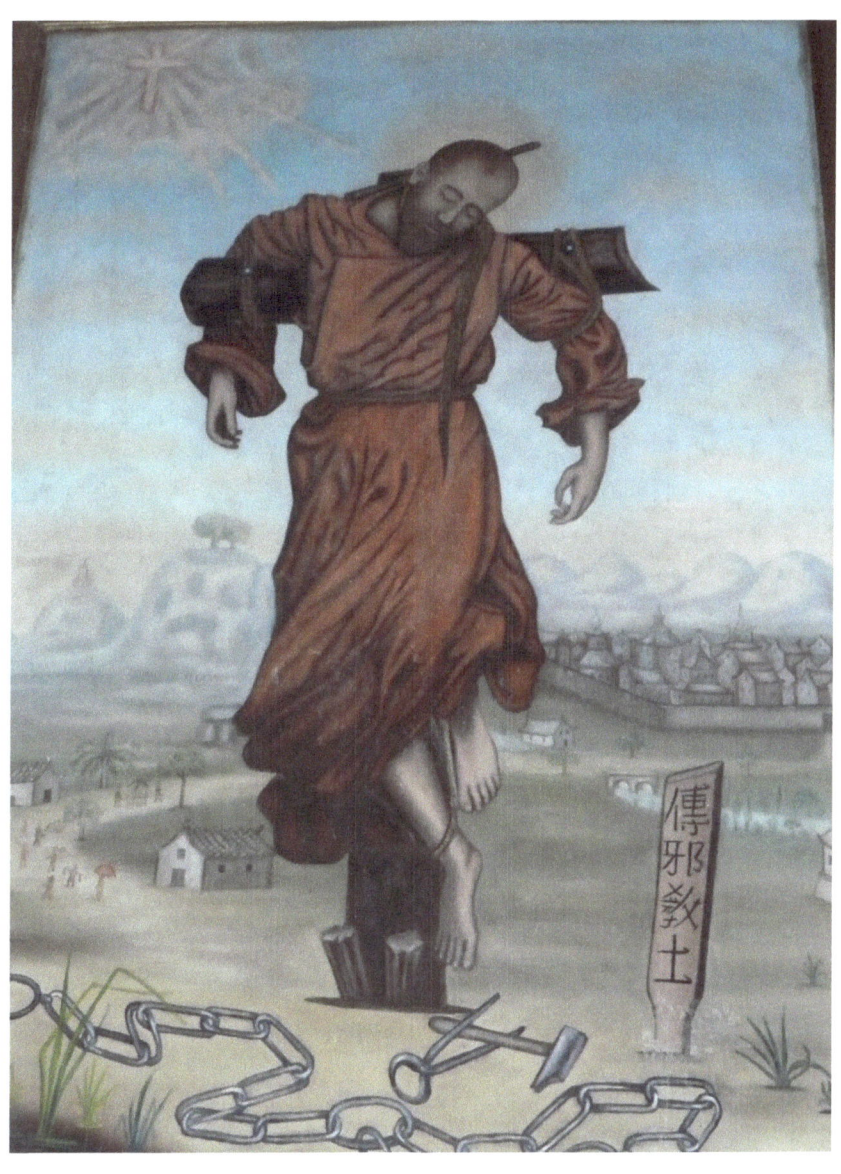

Le plus beau des tableaux vus : église de Sérignac.

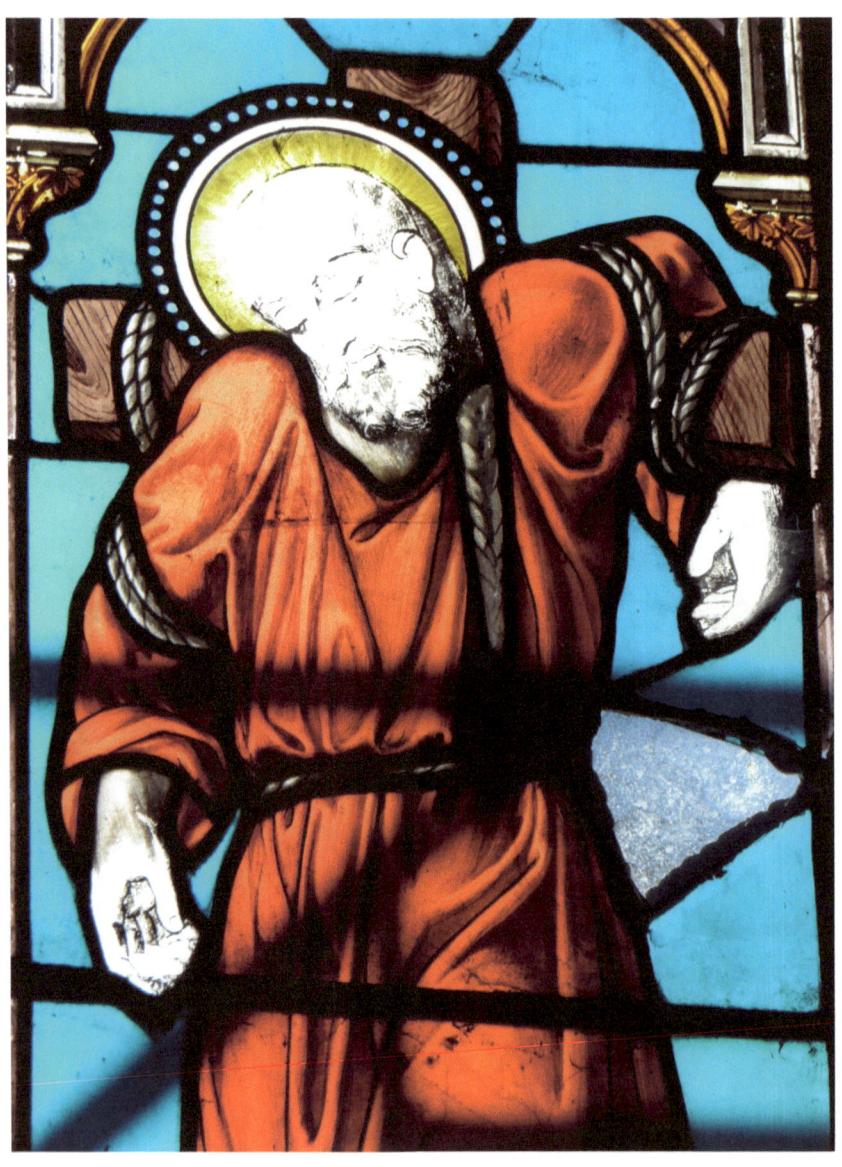

Vitrail en l'église de Caminel (Lebreil) Peut-être de Gesta...

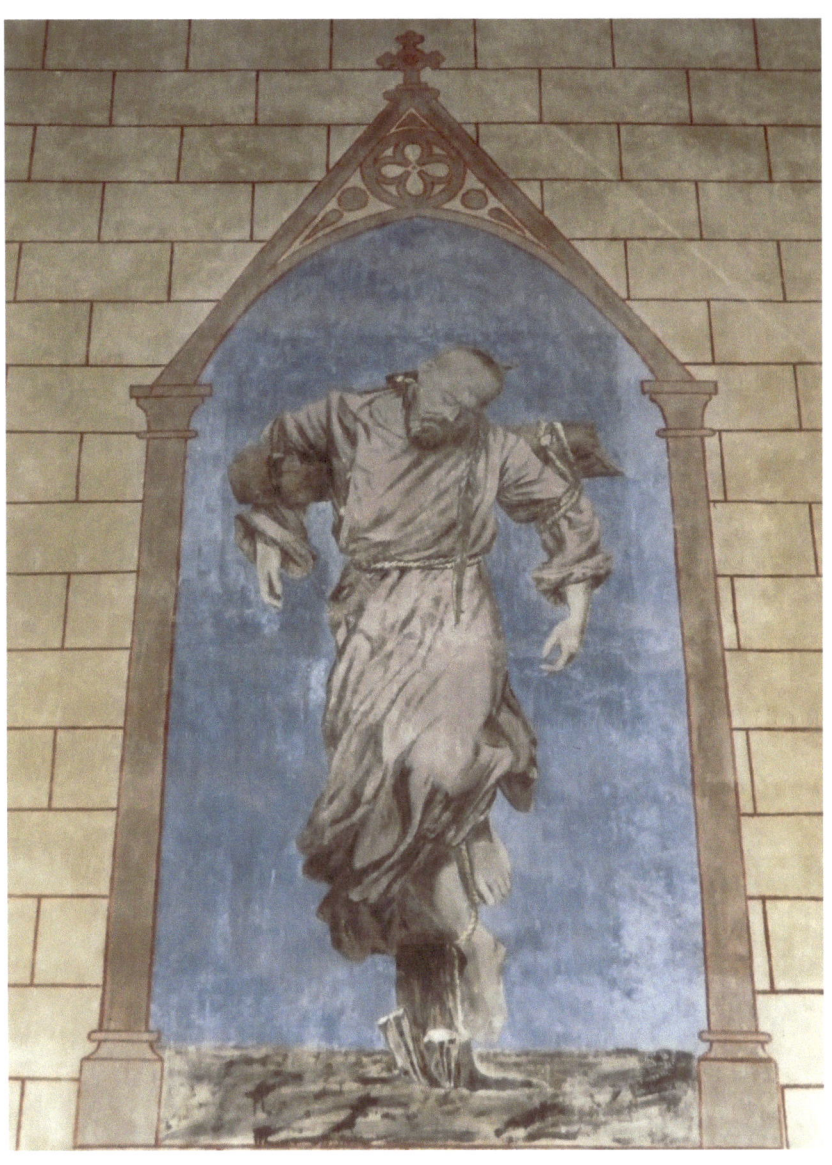

L'Hospitalet, fresque dans une chapelle de l'église.

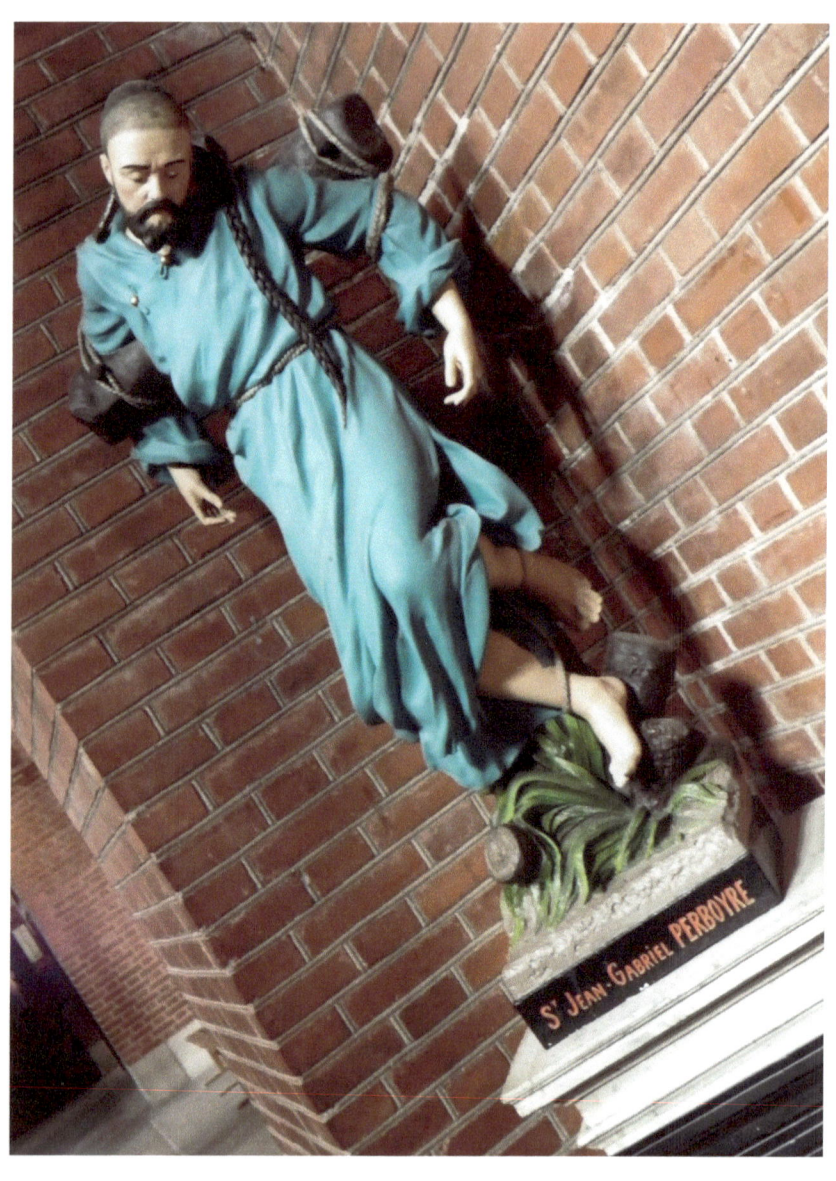

Villeneuve sur Lot

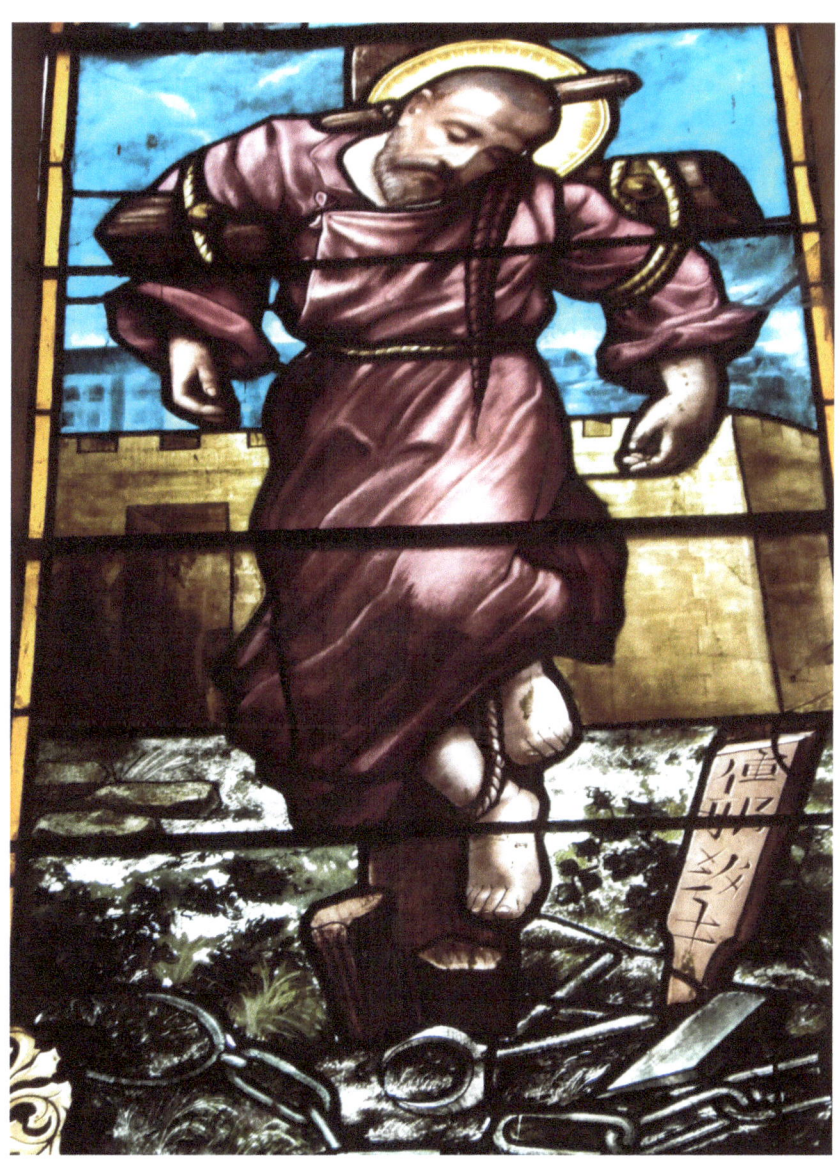

Cézac (Pechpeyroux), vitrail réalisé par J. Gibert de Montauban.

Le samedi 3 avril 1824, Jean-Gabriel fut ordonné sous-diacre dans la chapelle de l'archevêché de Paris par Monseigneur de Quelen. Il avait 22 ans.
Septembre 1824 : envoyé comme professeur au collège de Montdidier.
Samedi 28 mai 1825 : ordonné diacre en l'église St Sulpice par Monseigneur de Quelen, archevêque de Paris.

Samedi 23 septembre 1826 : ordonné prêtre par Monseigneur Louis Dubourg (évêque de Montauban) à Paris, 140 rue du Bac.
Septembre 1826 : professeur au Grand Séminaire de Saint-Flour. Il y sera nommé supérieur du petit séminaire un an plus tard.

Montauban

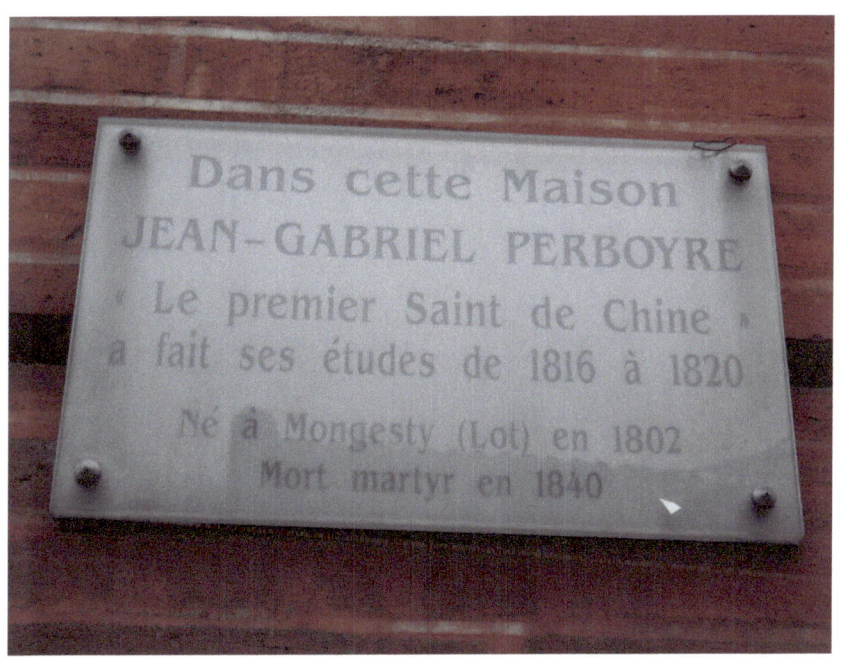

L'homme essentiel, au dix-huitième siècle, dans la famille Perboyre, ce fut Jacques, l'oncle de Jean-Gabriel. Né le 10 avril 1763 à Catus, reçu au séminaire de Cahors le 30 août 1783, il fit ses vœux le 31 août 1785. Durant la révolution, il exerça clandestinement puis, aidé de quelques ecclésiastiques (dont M. Gratacap qui lui succédera), établit un Petit Séminaire à Montauban, dans l'ancien couvent des Carmes ; l'évêque le nomma chanoine. Dans ce Petit Séminaire fut formée une grande partie du clergé du diocèse de Montauban. Il est décédé à Montauban le 8 mars 1848.

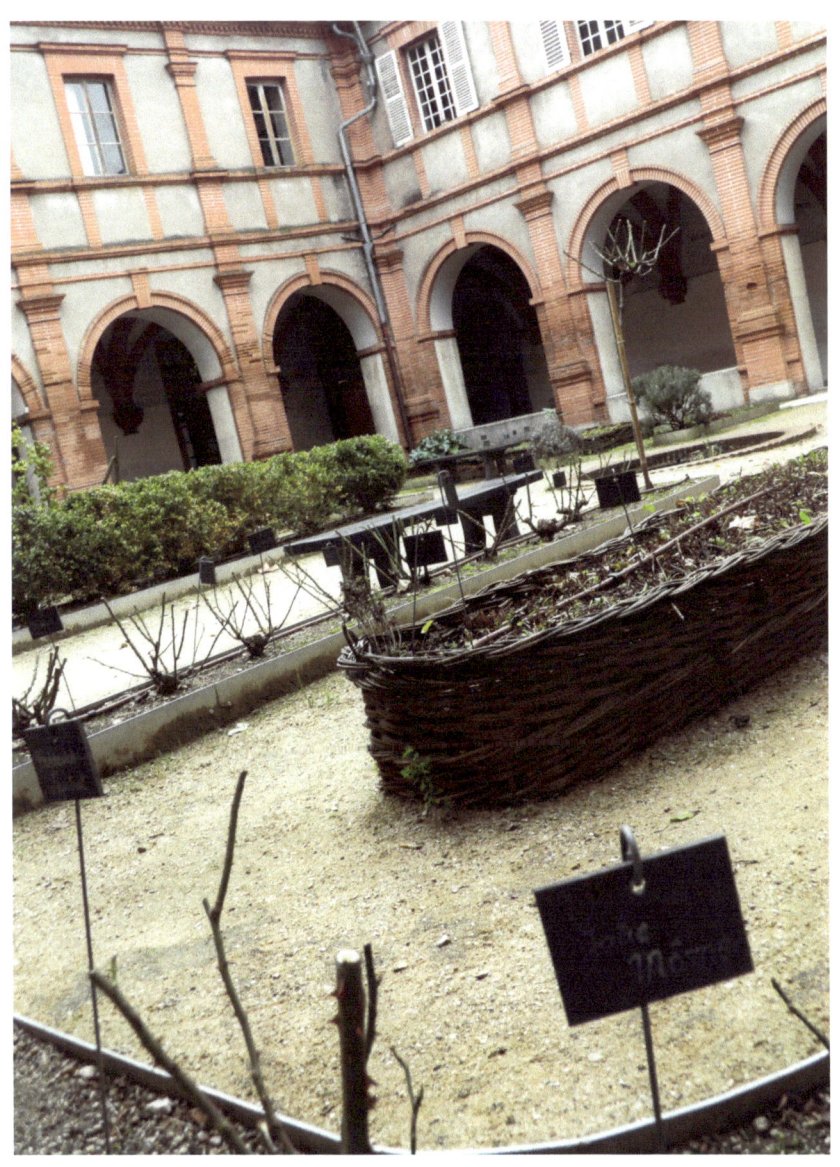

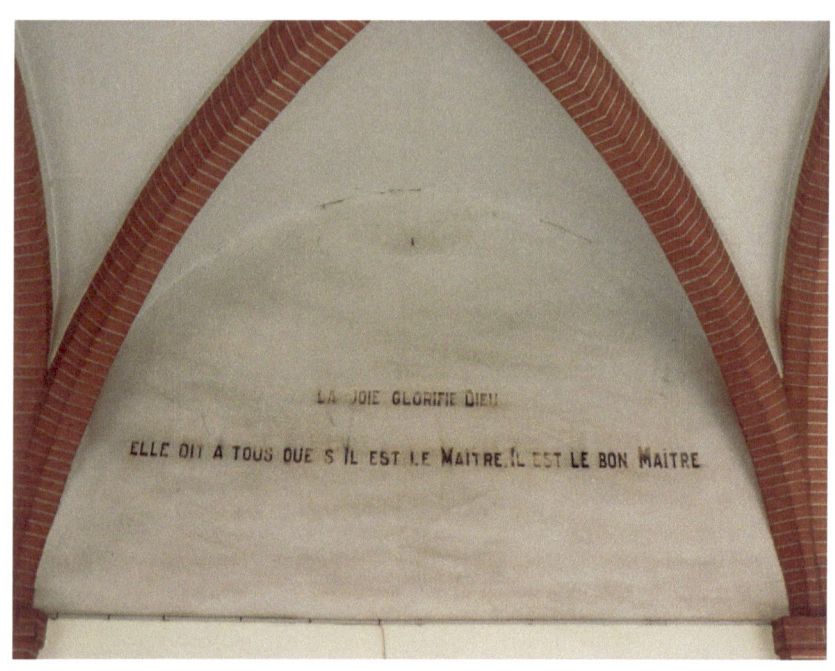

Comment incruster des principes dans des cerveaux dociles et peu sollicités ?
Les écrire sur les plafonds...

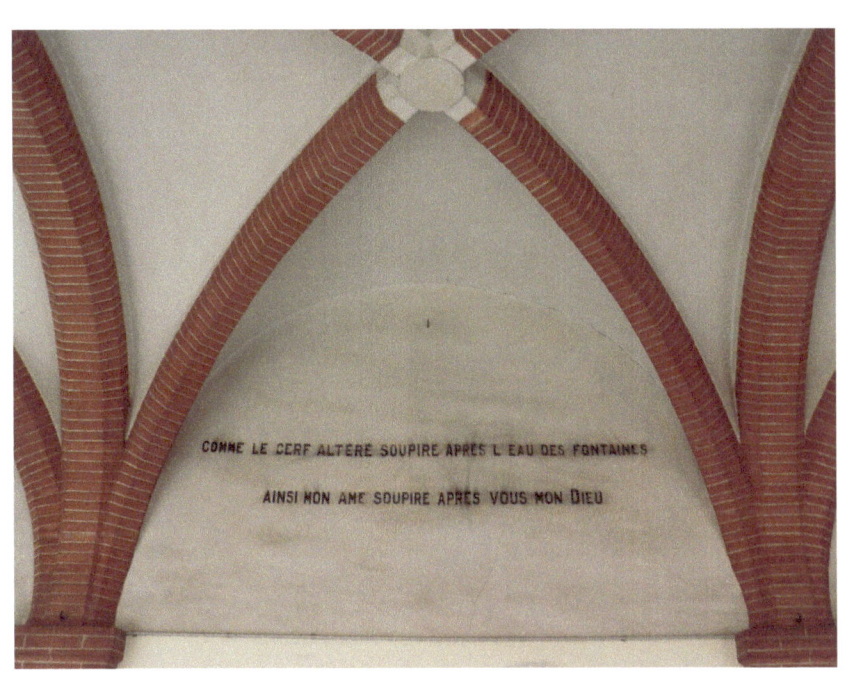

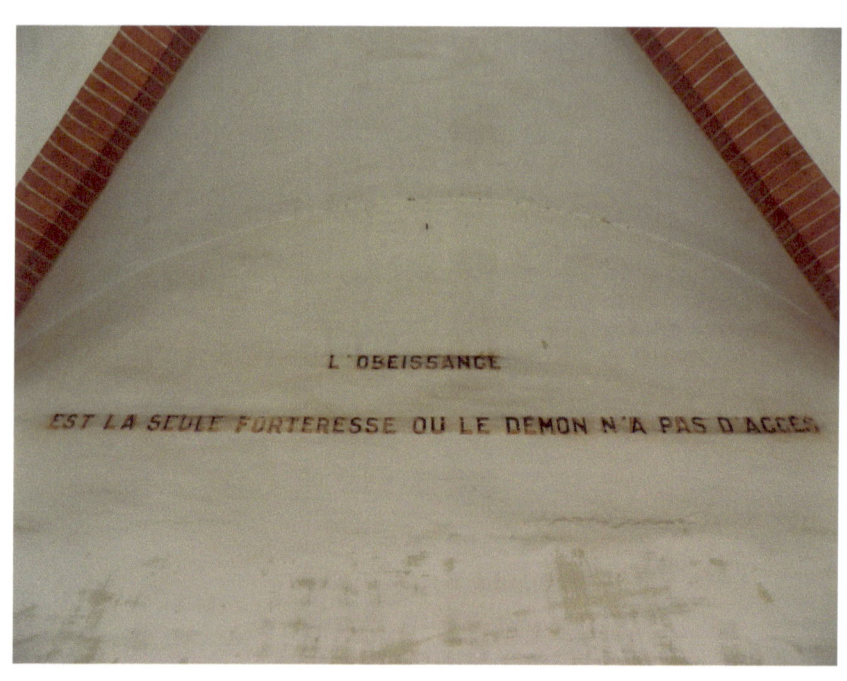

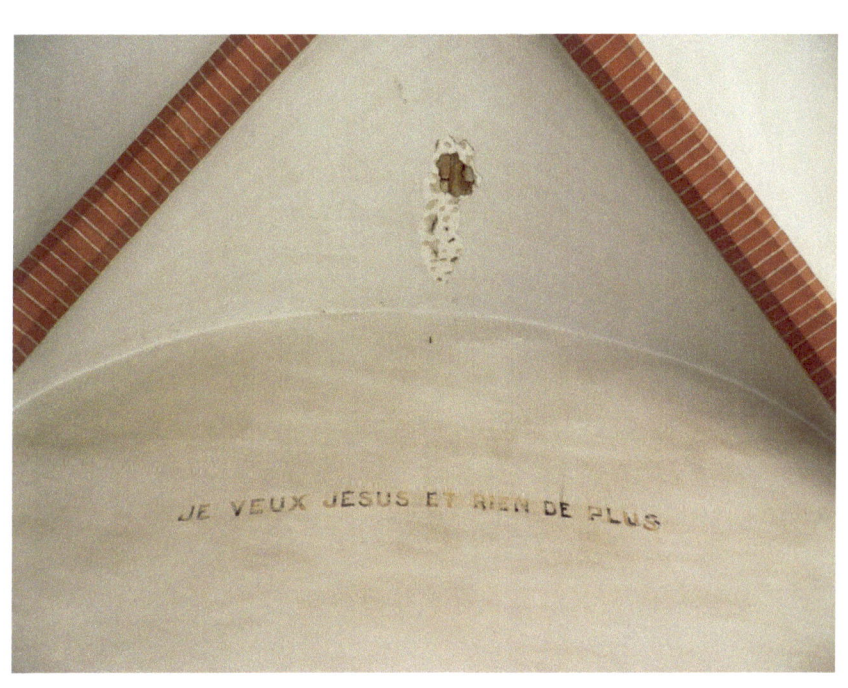

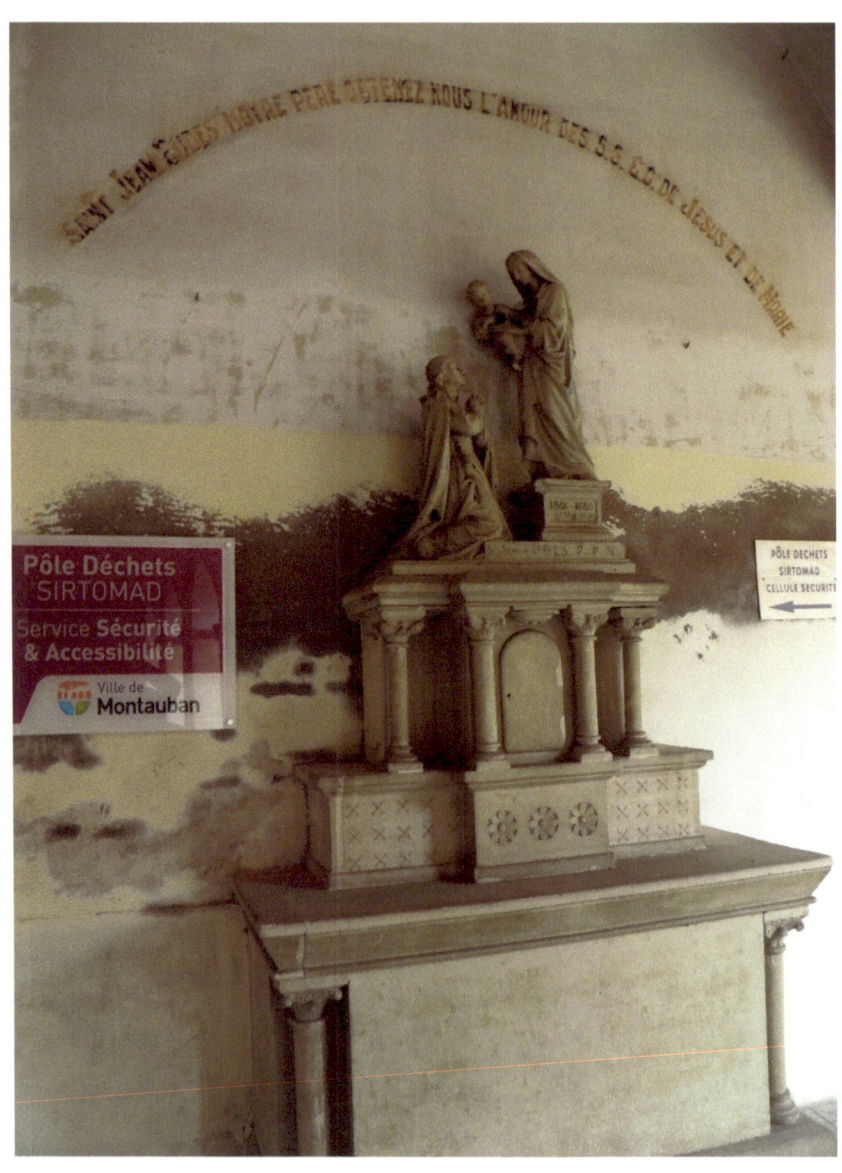

La nouvelle utilisation de cet espace...

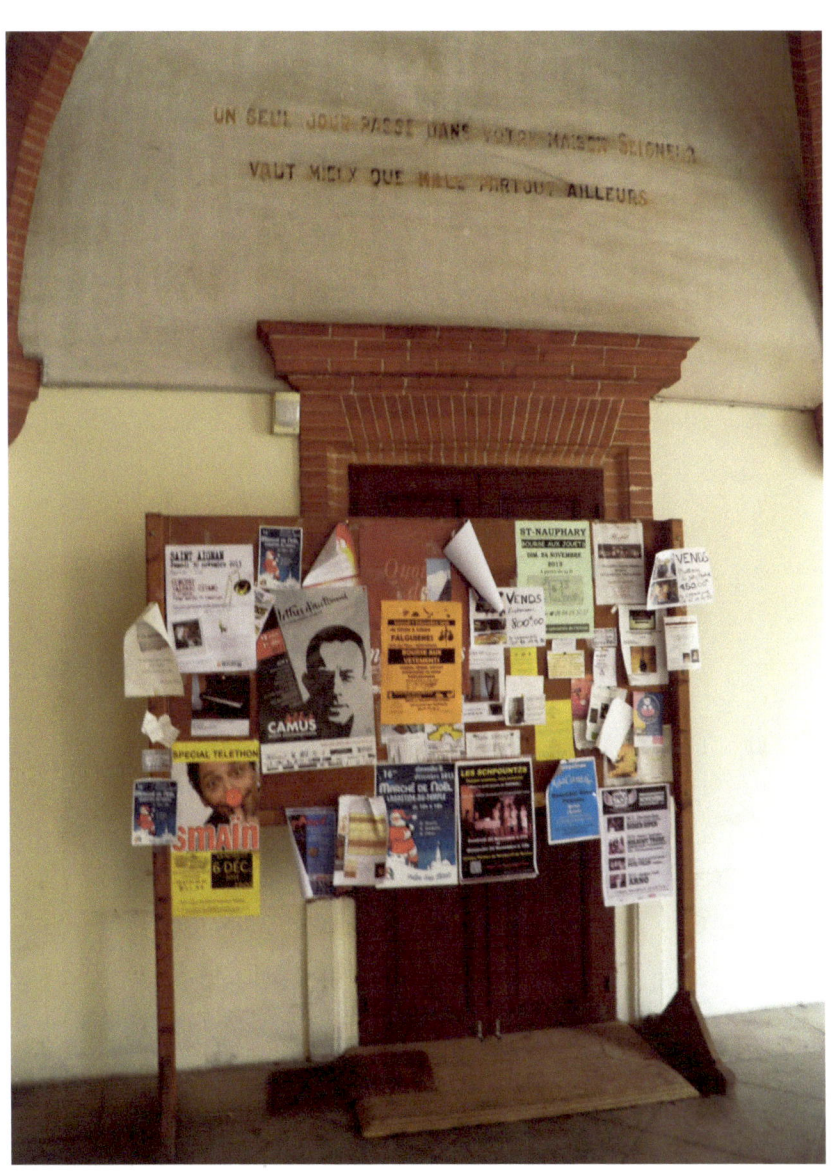

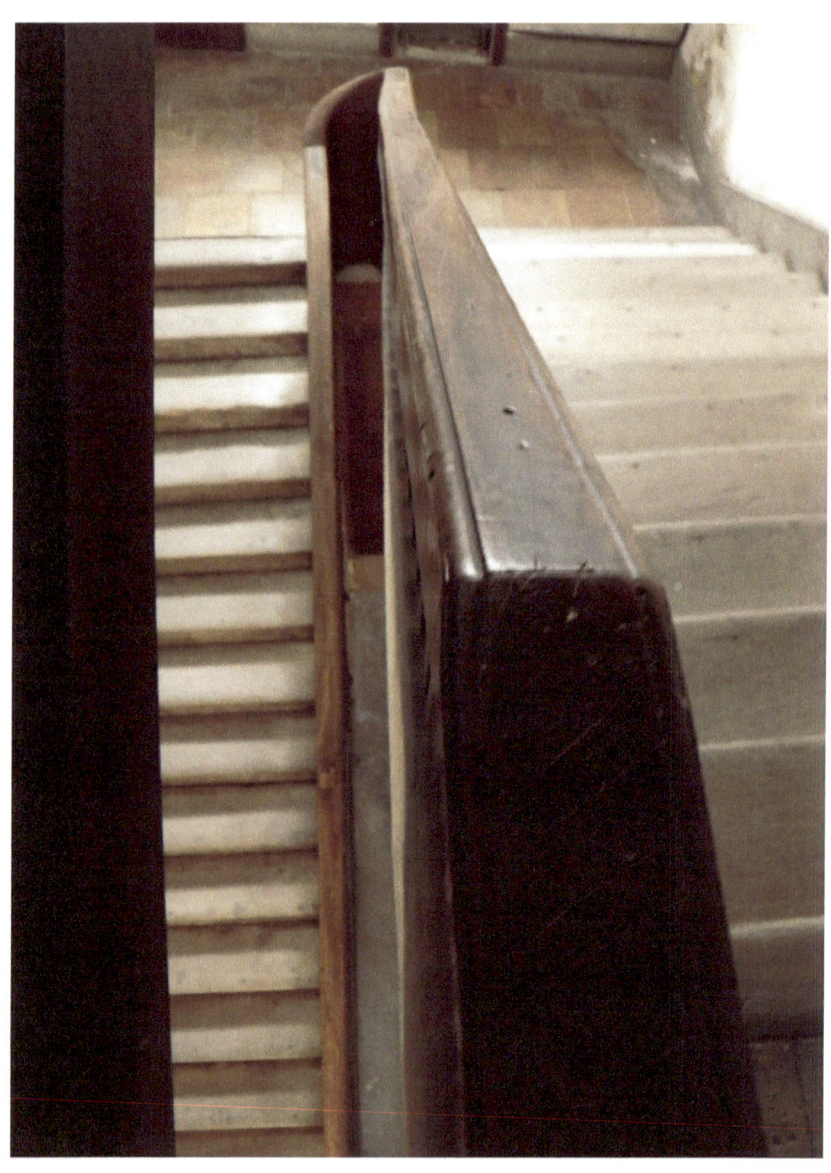

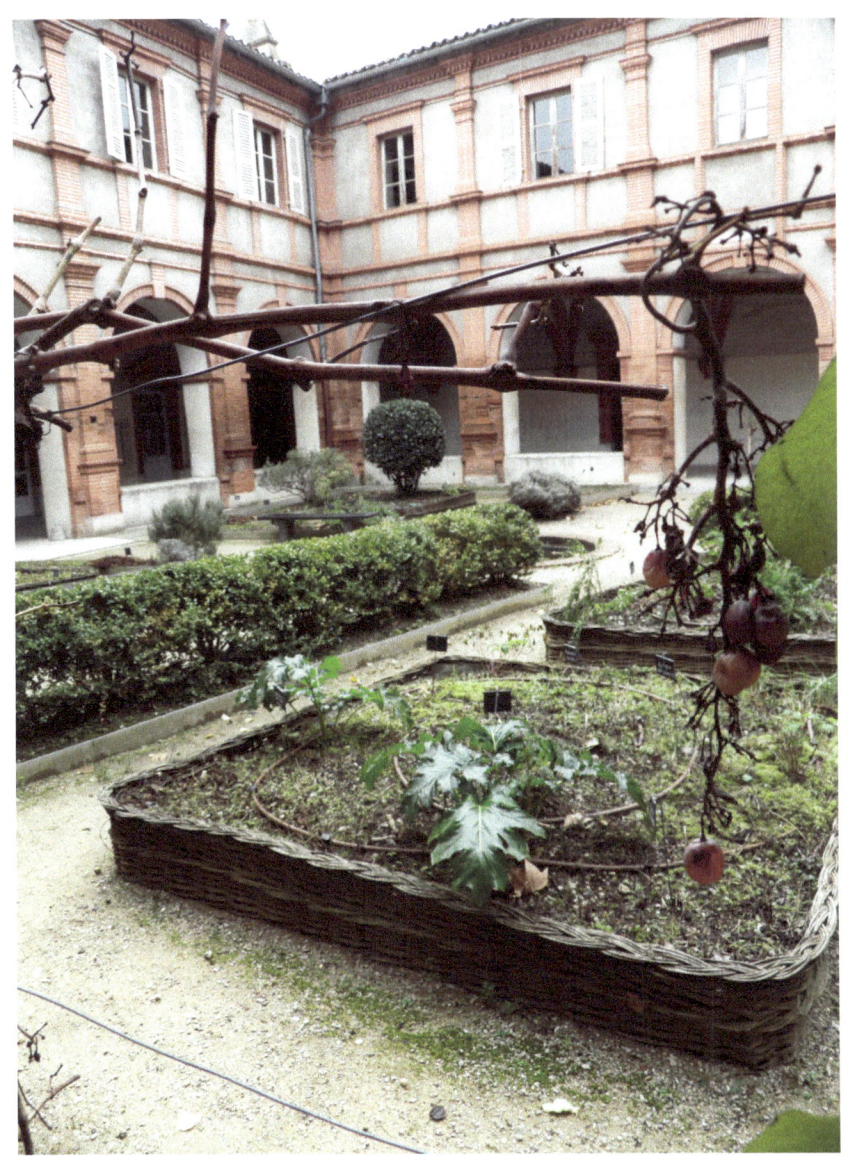

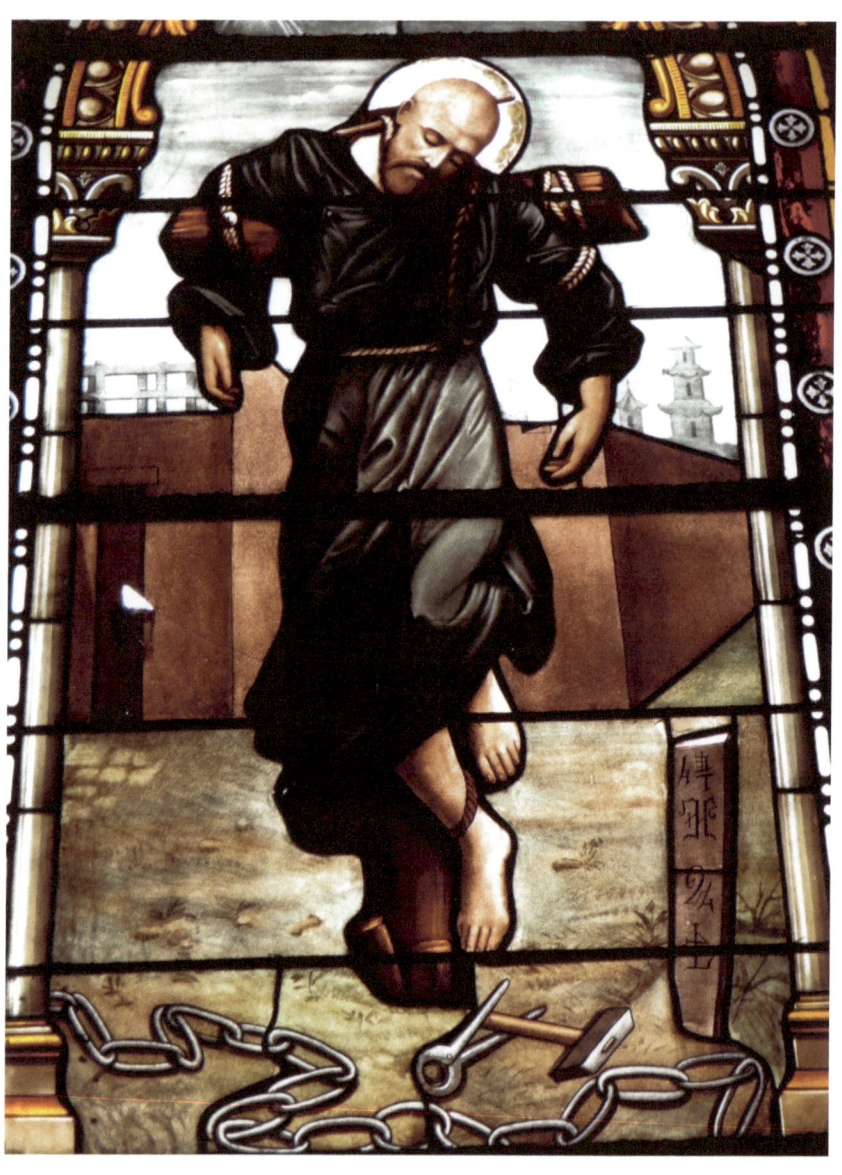

À quelques dizaines de mètres, l'église St Étienne de Sapiac et son portrait du Bienheureux, réalisé par Joseph Broué, peintre-verrier de Montauban.

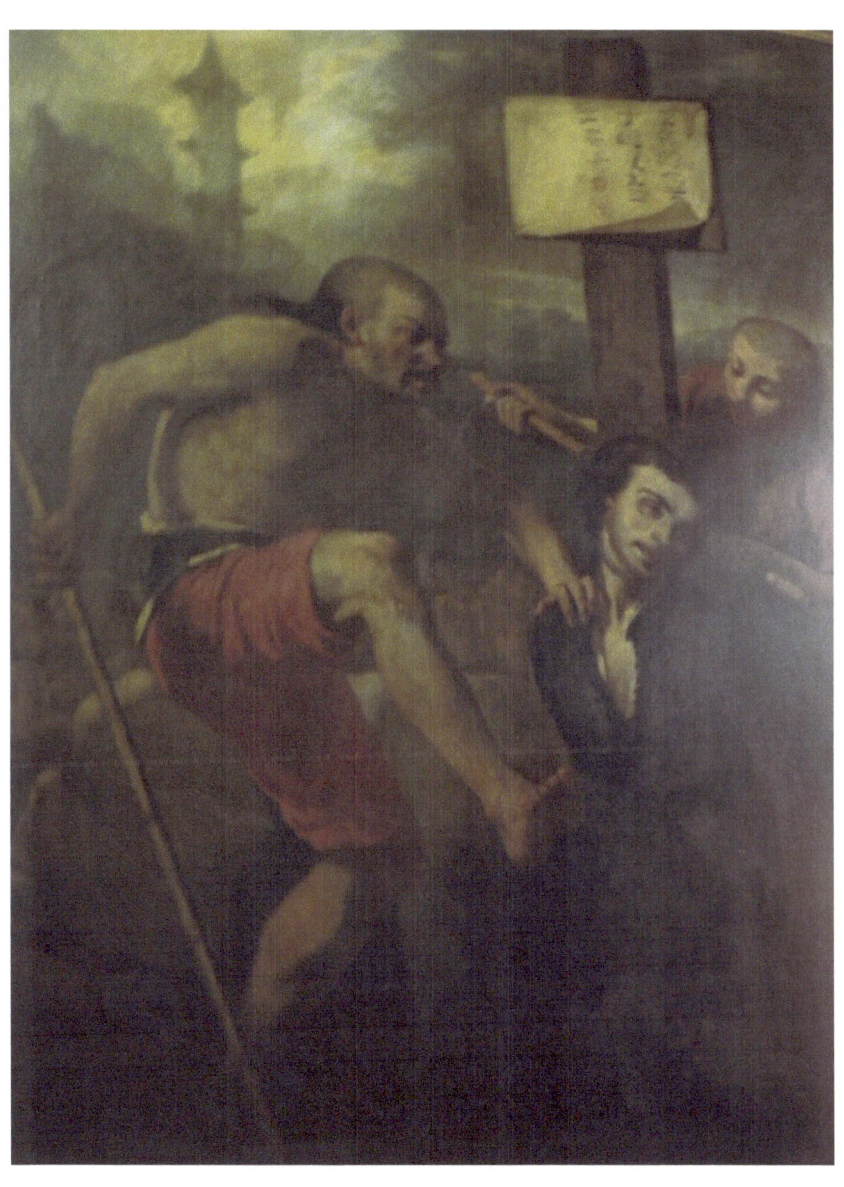

Tableau dans la même église...

Fin 1830, son frère Louis, 23 ans, part pour la Chine. Il mourra durant la traversé, le 2 mai 1831. Mais la nouvelle n'arrivera qu'en février de l'année suivante. C'est durant « le deuil » que se joue le destin du futur Saint.

Septembre 1832 : rappelé à Paris comme sous-directeur du Séminaire Interne (noviciat).

Lundi 2 février 1835, malgré "son grand âge" et une santé fragile, malgré un premier refus, il obtient d'être envoyé en Chine. Il a 33 ans et embarque au Havre le samedi 21 mars 1835.
Il rêve du Martyr, comme son "modèle" crucifié : « *Quelle belle fin que celle de M. Clet ! ; priez Dieu que je finisse comme lui.* »

Samedi 29 août 1835 : arrivée à Macao.

Lundi 21 décembre 1835 : départ de Macao pour le Ho Nan.

Mi-juillet 1836 : arrivée à la Mission du Ho Nan.

Début 1838 : envoyé au Hou Pei.

Lundi 16 septembre 1839 : arrestation à Tcha Yuen Keou.

Mercredi 15 juillet 1840 : condamnation à mort à Ou Tchang Fou.

Vendredi 11 septembre 1840 : exécution. Inhumé « en terre chrétienne », au côté de son modèle, François-Régis Clet, martyrisé vingt ans auparavant...

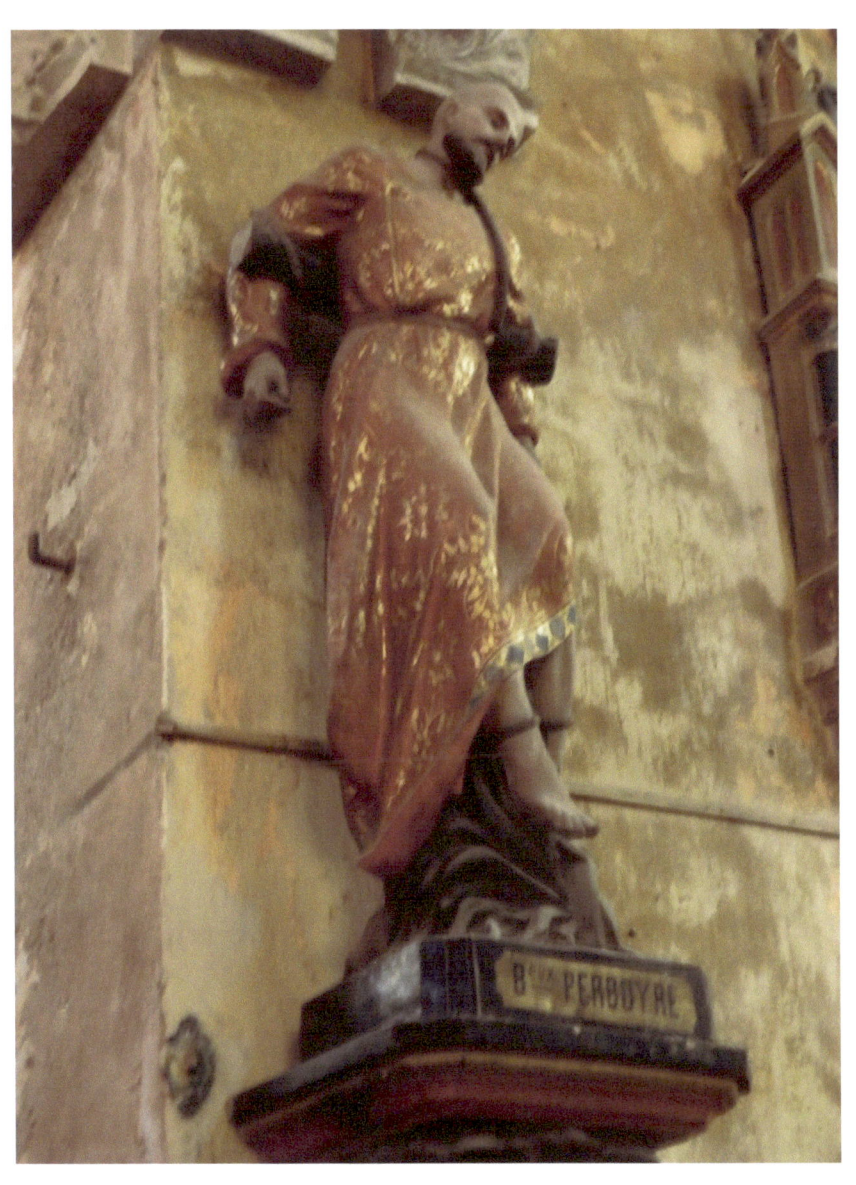

Laroque des Arcs

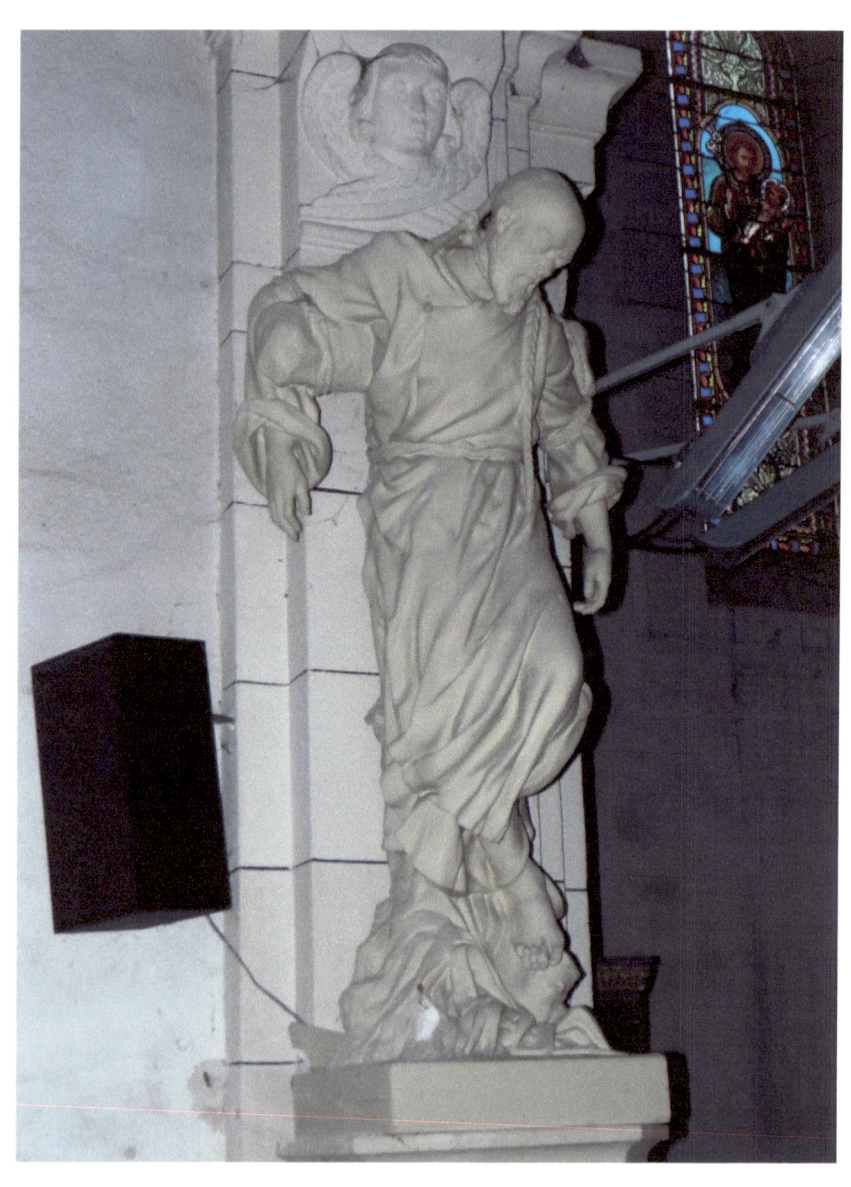

Mauroux

Dimanche 9 juillet 1843, le pape Grégoire XVI lui accorde le titre de Vénérable.

Dimanche 10 novembre 1889 : béatification par Léon XIII à Rome. Cette accession au statut de Bienheureux à une époque de nombreuses commandes de vitraux dans le Quercy, explique "sûrement", qu'à côté de nombreux Saints, soit représenté "notre lotois préféré."

Dimanche 2 juin 1996 : canonisation par Jean-Paul II, à Rome.
Cette canonisation n'a pas entraîné le passage de "*Bienheureux*" à "*Saint*" sur l'ensemble des supports facilement rectifiables.

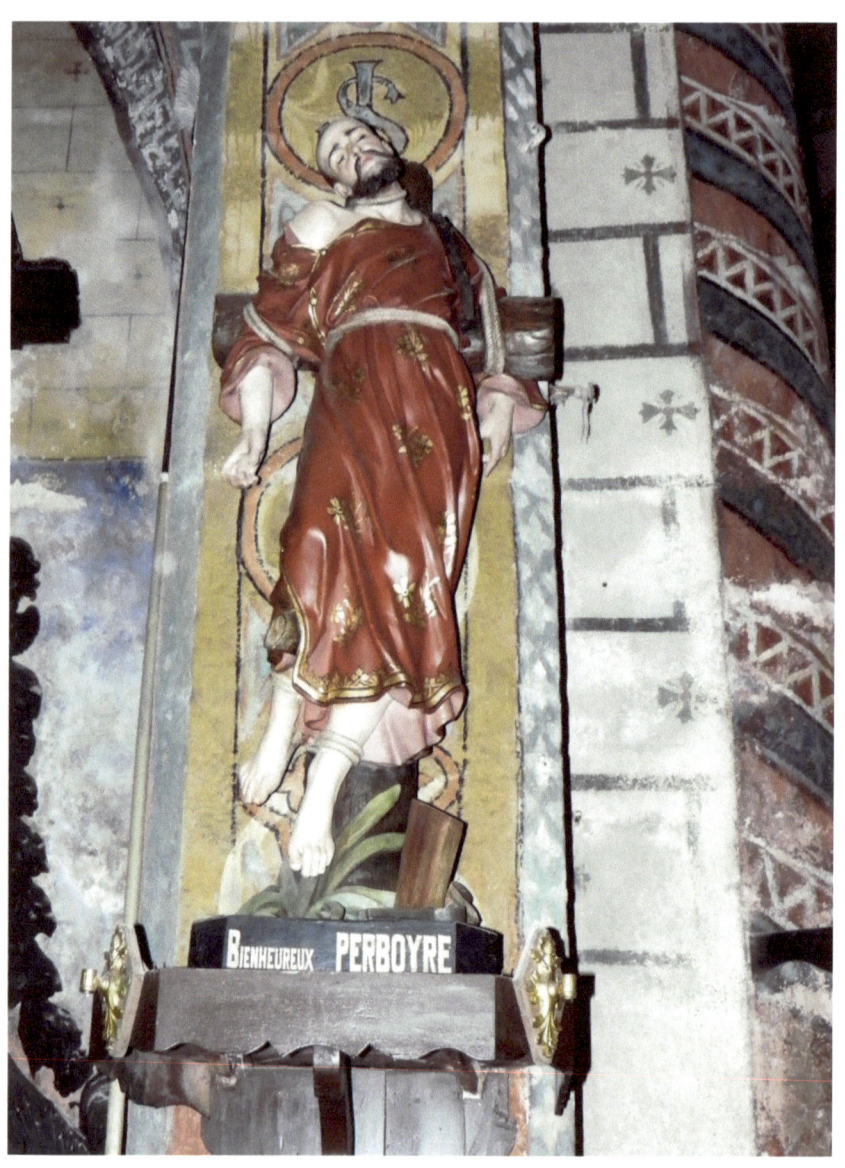

Saint Vincent Rive d'Olt

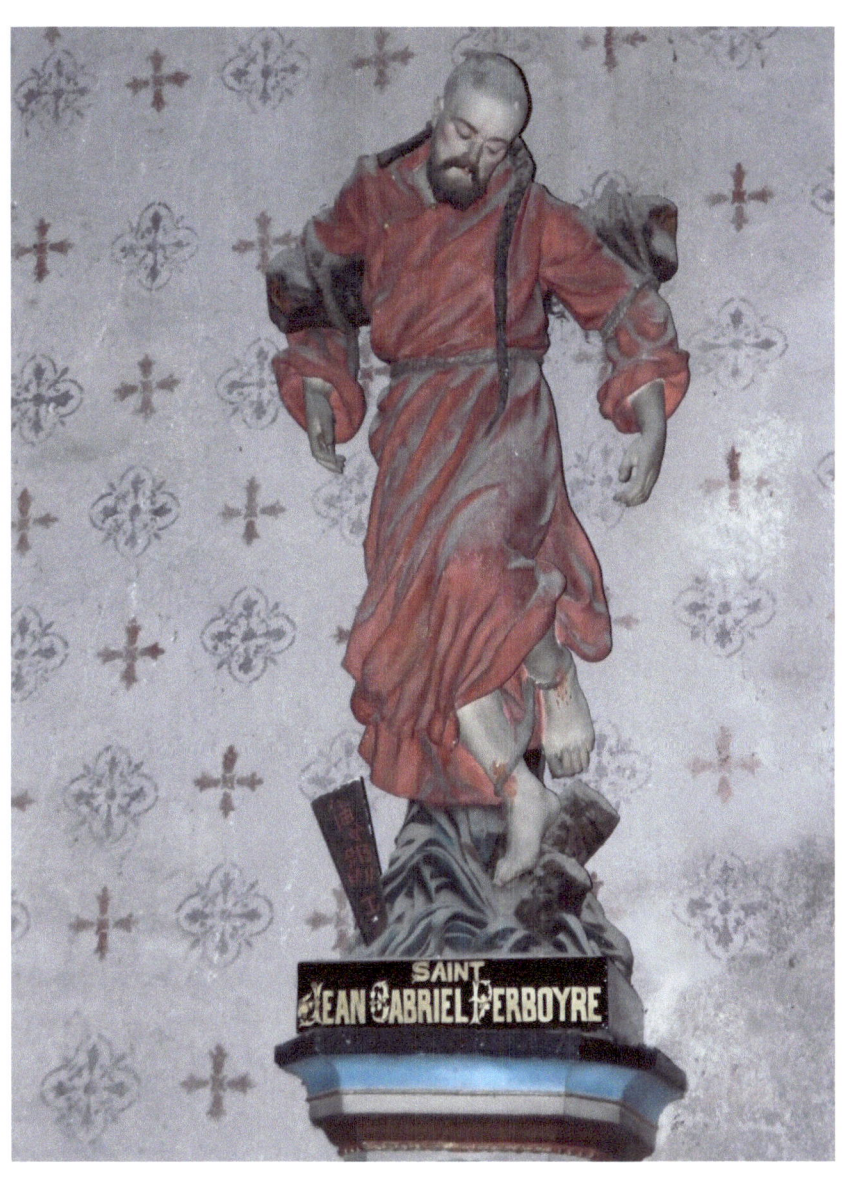

Labastide du Vert

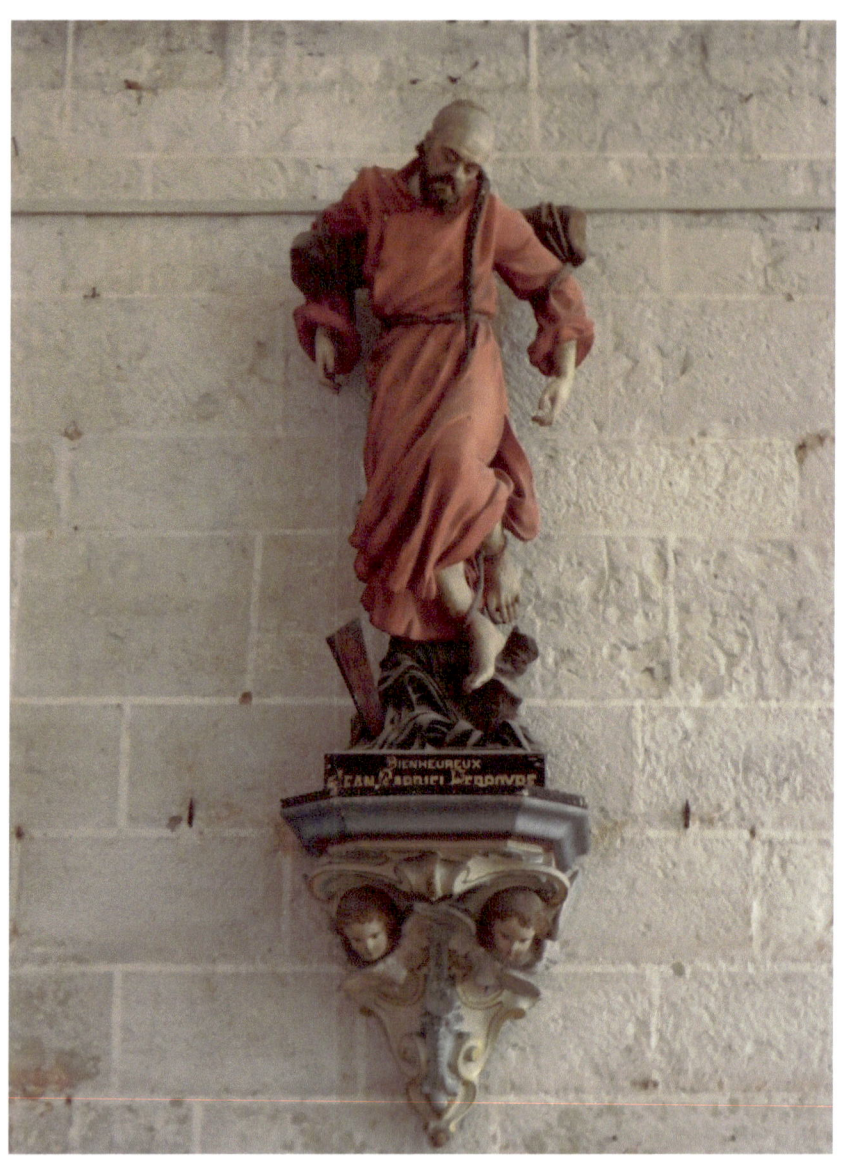

Les Junies

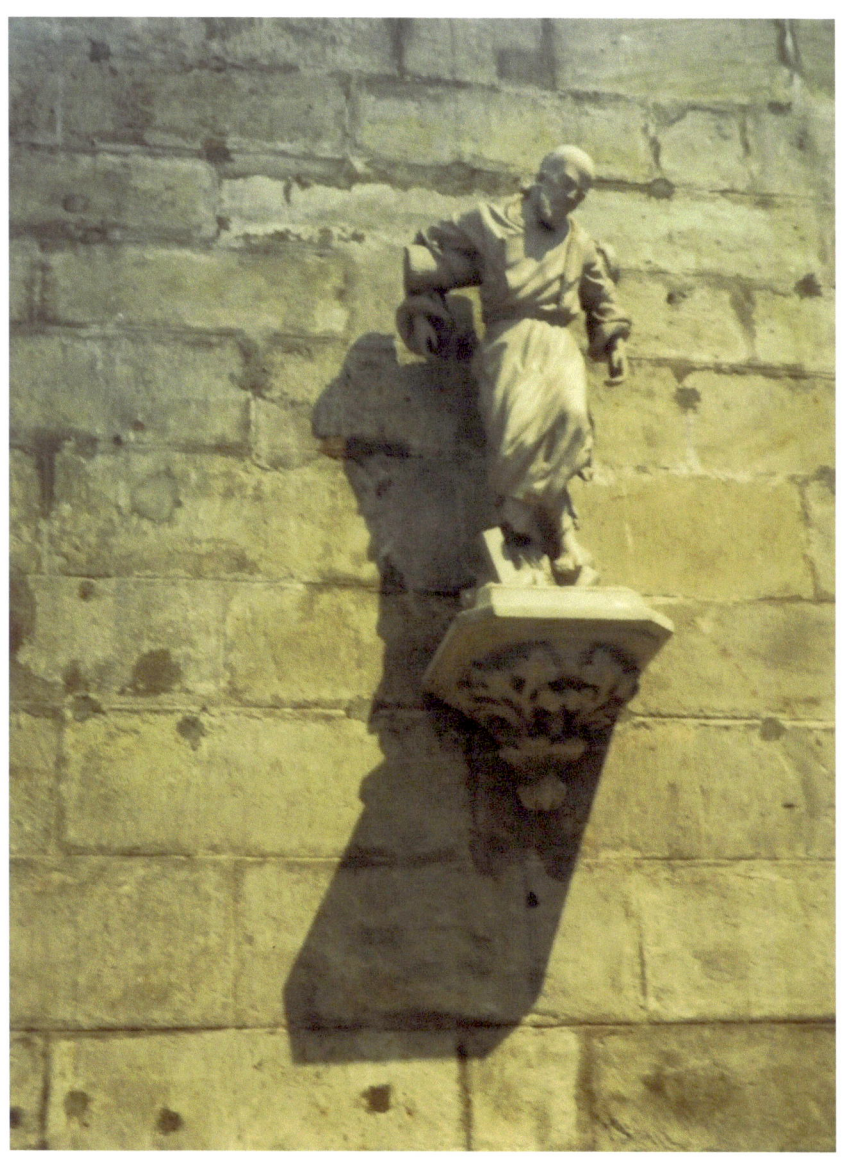

Figeac

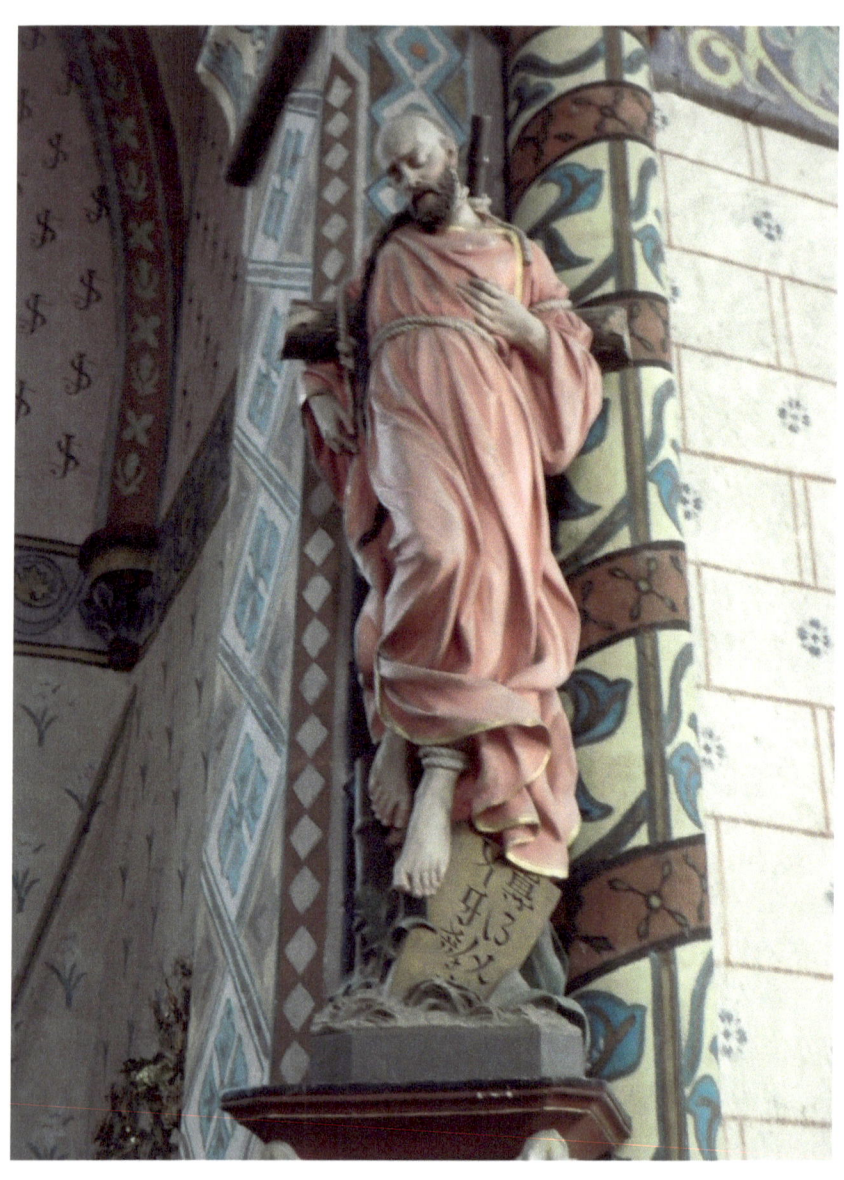

Puy l'Evêque (Yssudel)

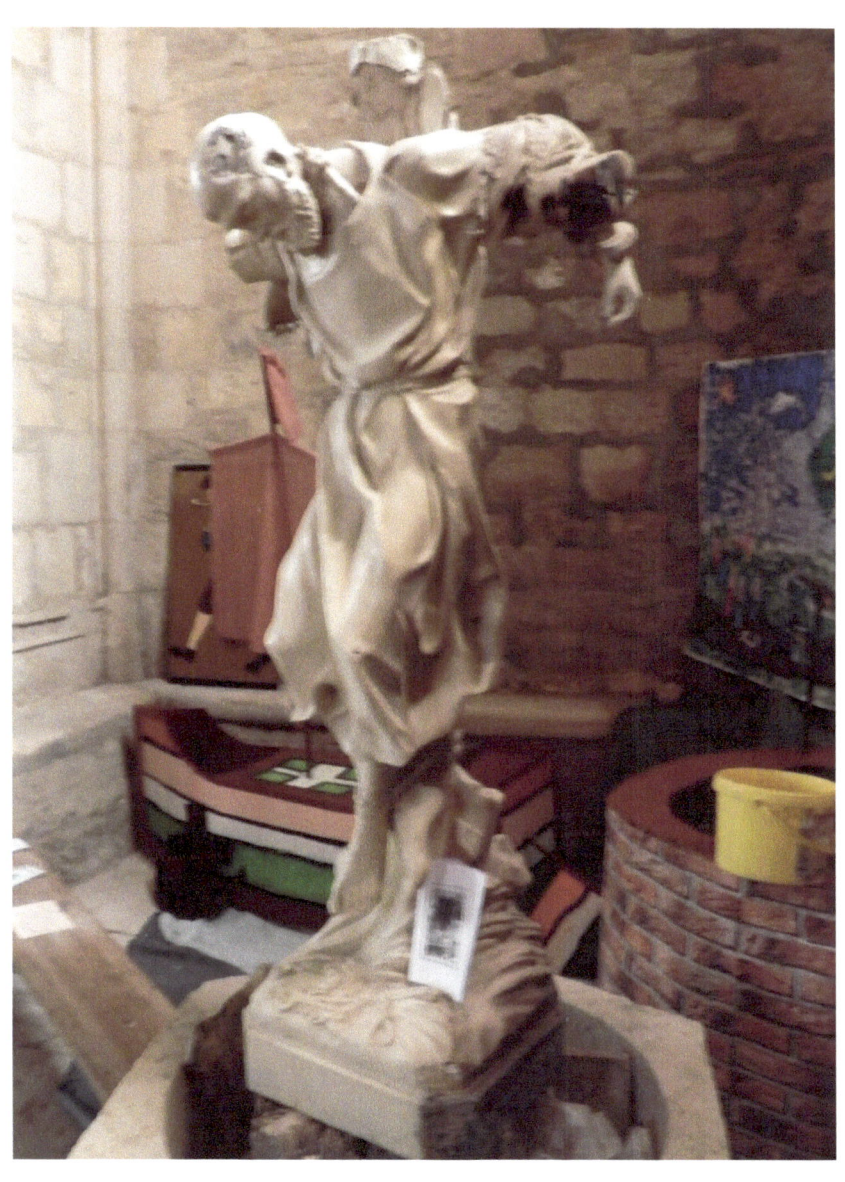

Puy l'Evêque (centre)

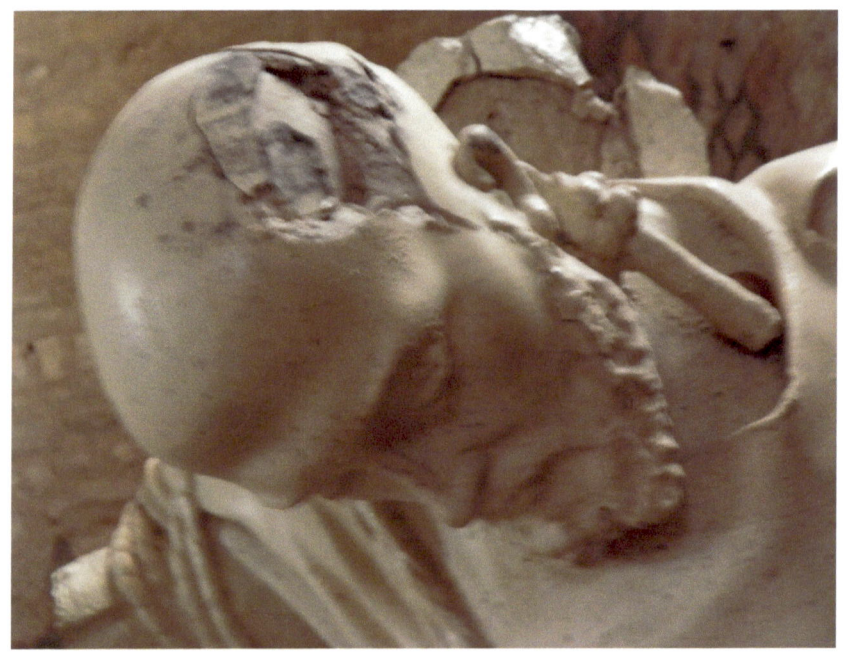

Espérons que personne n'aura "la bonne idée" de réparer cette tête... Elle semble témoigner de l'année de tortures endurée par le missionnaire.

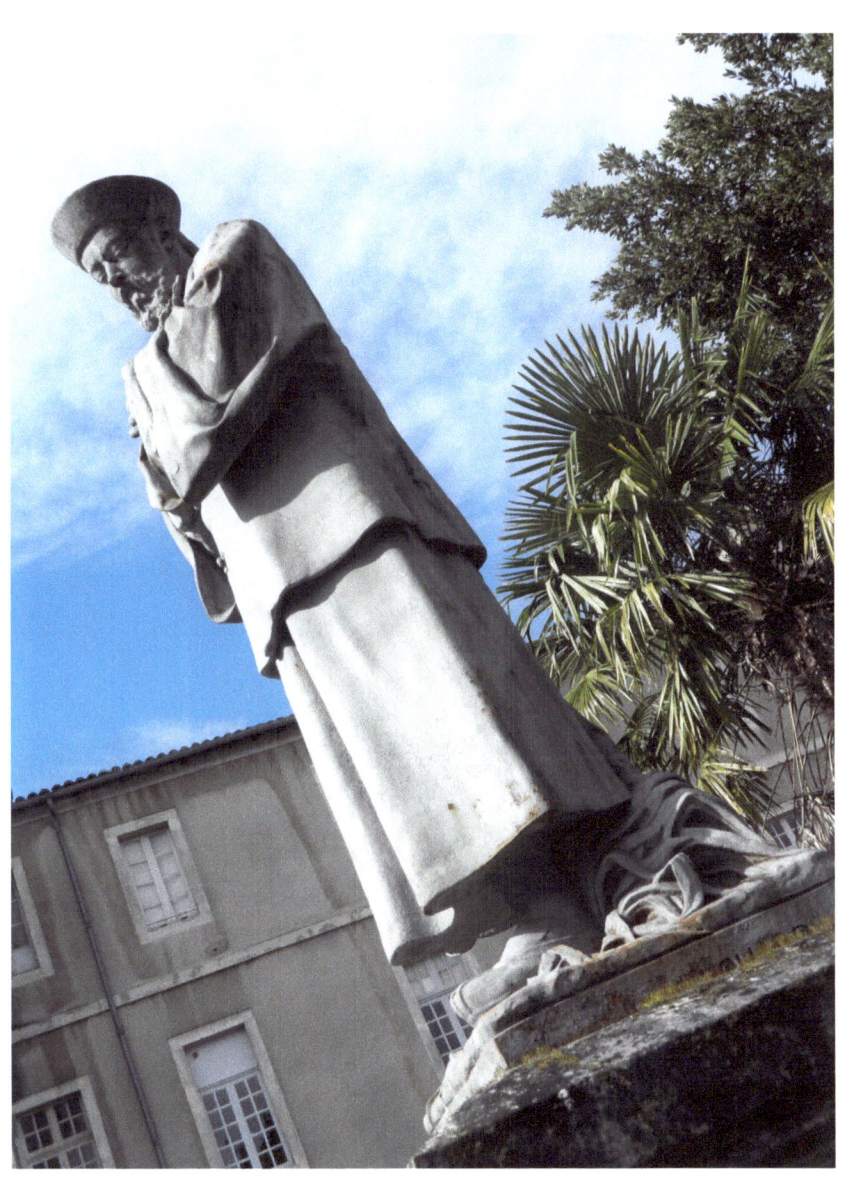

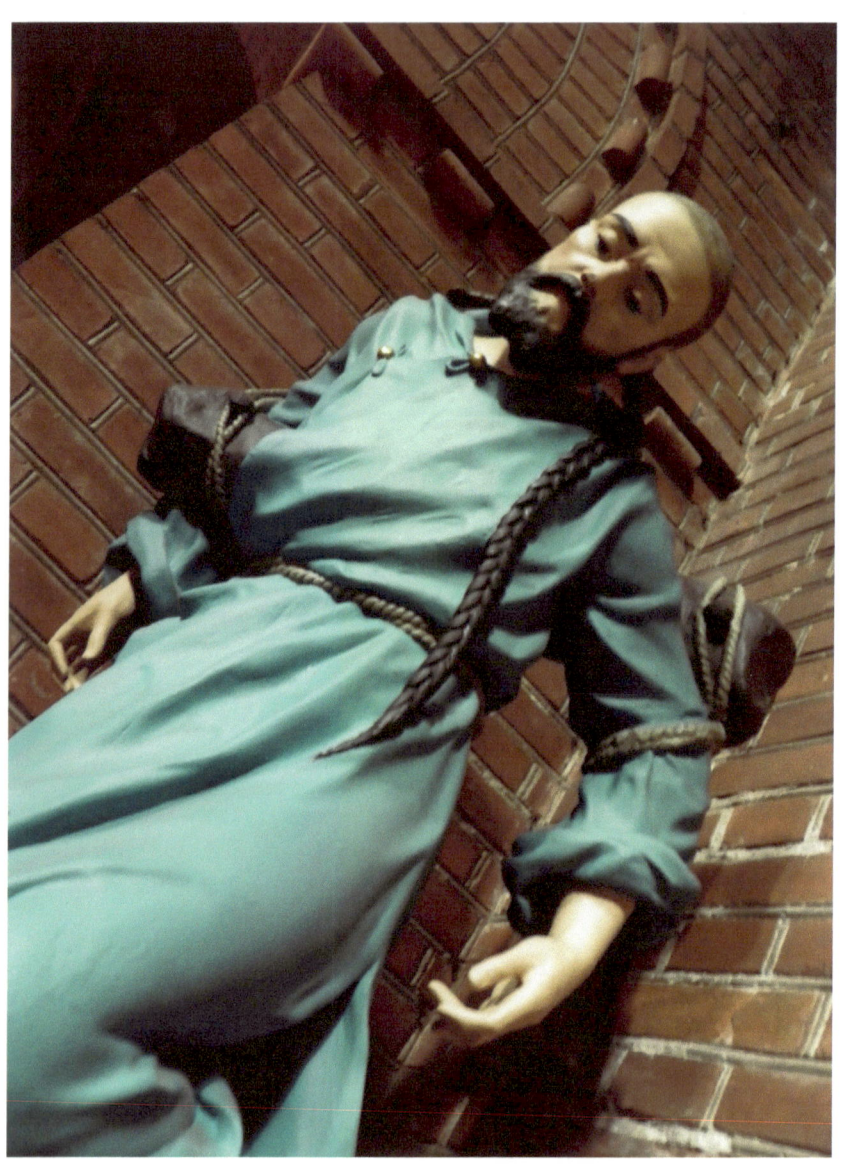

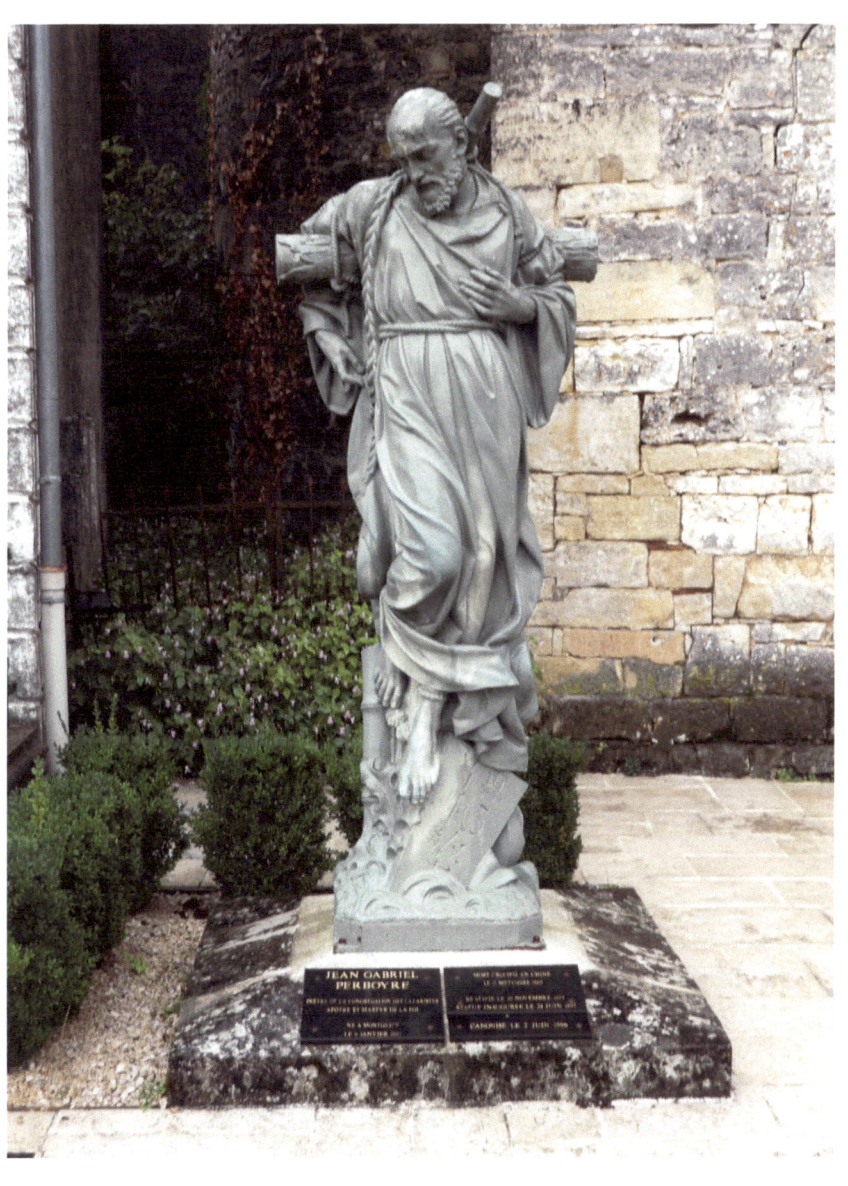

Quand le vicaire lui apporte la "triste nouvelle", après quelques larmes, sa mère aurait expliqué *« Que ferai-je en me lamentant ? Ses lettres depuis qu'il est en Chine nous ont exprimé de manière bien vive combien il désirait le martyre... Pourquoi hésiterai-je à faire à Dieu le sacrifice de mon fils ? La Sainte Vierge n'a-t-elle pas généreusement sacrifié le sien pour mon salut ? D'ailleurs je ne croirais pas aimer véritablement mon fils si je m'affligeais, sachant qu'il est maintenant au comble de ses vœux. »* (dans *une semence d'éternité*, Jean-Yves Ducourneau, 1996)

Il convient néanmoins de relativiser le soutien familial à sa vocation de Martyr. Ainsi, à son frère Antoine, le 13 septembre 1838, de Macao, il écrivait *« Mes confrères qui sont venus dans ce pays y vivent comme ailleurs, et quelques fatigues qu'ils aient à essuyer, ils sont très contents d'avoir fait le sacrifice de tout pour apporter la lumière de la foi parmi les Infidèles. Vous reconnaissez que Notre Seigneur m'a fait une grande grâce en me donnant la même vocation ; j'espère que vous finirez par vous en réjouir. Vous savez bien que notre vrai bonheur ne consiste pas à avoir toutes sortes de consolations en ce monde, mais à faire la volonté de Dieu, à le servir et à le faire servir autant que nous le pouvons. Vous m'avez dit qu'en partant, je vous priverais des bons avis que je pouvais vous donner en France. D'abord il faut vous rappeler que Dieu a spécialement chargé de votre salut votre pasteur et votre confesseur. C'est à eux que vous devez souvent recourir pour recevoir leurs instructions et leurs conseils. Si donc vos affaires spirituelles n'allaient pas, il faudrait l'attribuer à votre*

négligence et non au défaut de moyens salutaires et à mon éloignement. D'ailleurs, éloigné comme rapproché, je ne cesserai de vous exciter et de vous encourager à la vertu et à la pratique de tous vos devoirs.
Notre respectable cousin, M. le Curé de Catus, voudra bien aussi vous rendre ce même service. »
Ce qui ne signifiait nullement qu'il s'imaginait en vieux missionnaire. Quelques jours plus tôt, le 9 septembre 1835, dans ses nouvelles à son "très honoré confrère", Pierre Le Go, resté à Paris : « *Nous avons cependant commencé à étudier le Chinois. M. Ly est notre professeur. Je crois qu'il m'en coûtera long d'apprendre cette langue ; à en juger d'après les premières apparences, je ne m'en tirerai pas avec autant d'honneur que M. Gabet et M. Perry. On dit que M. Clet ne l'a parlée qu'avec une grande difficulté. Mes précédents me donnent quelques traits de ressemblance avec lui. Puissè-je ressembler jusqu'à la fin à un vénérable confrère dont la longue vie apostolique a été couronnée par la glorieuse palme du martyre !*"

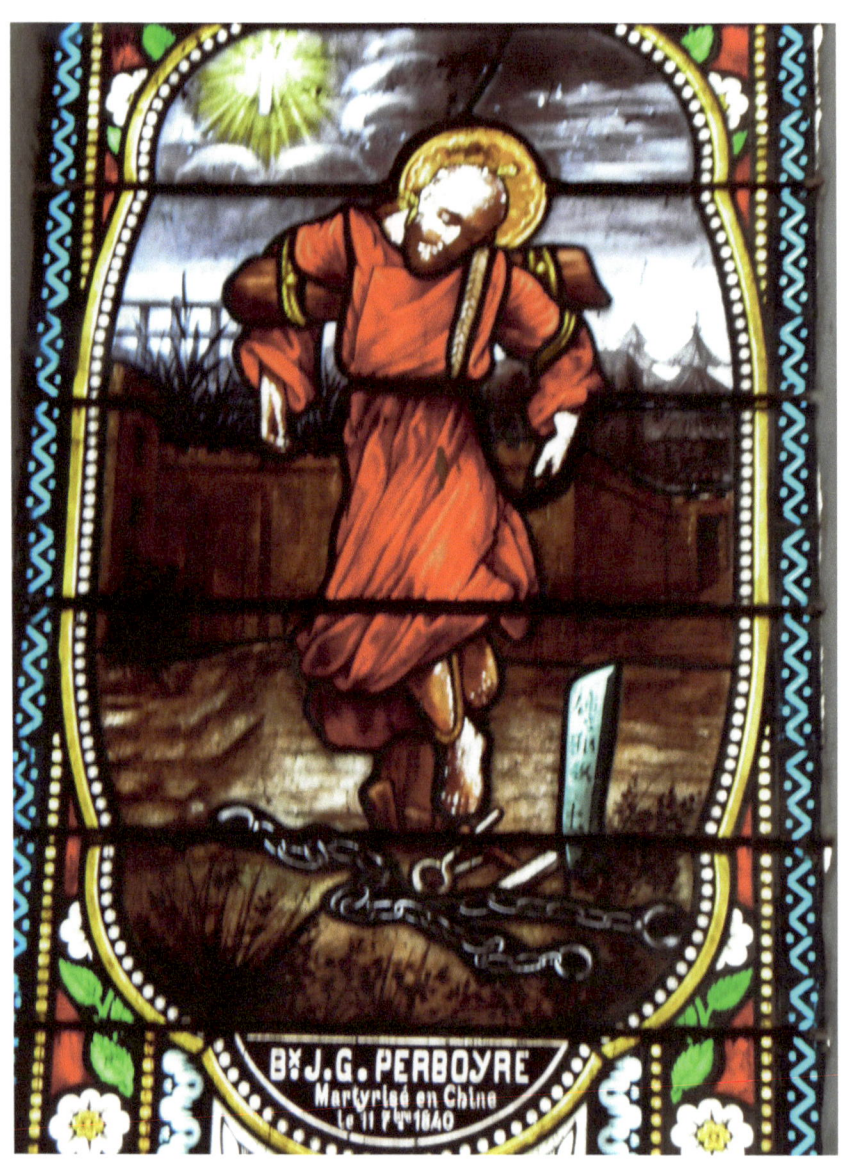

À Ste Croix, par Dagrant, vitrail payé en 1890 par Monseigneur Grimardias, évêque de Cahors.

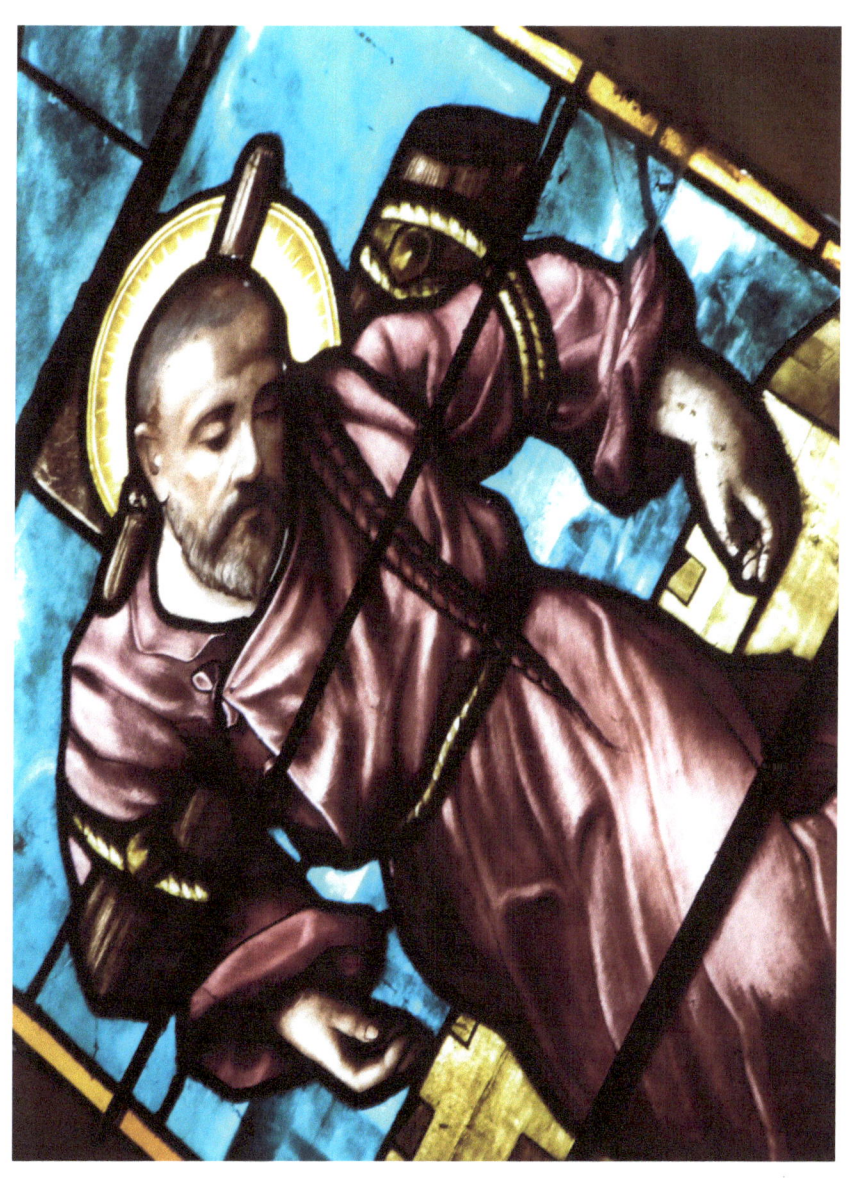

Cézac

Magnifiques représentations des maîtres verriers. Mais elles me gênent ! Oh je ne les accuse pas : ils ont respecté une demande, une falsification de la réalité. Si le mensonge est plus beau que la vérité, représentez le mensonge !

« Le bourreau commença par le dépouiller de la robe rouge qu'on lui avait mise, ne lui laissant que son caleçon ; puis il l'attacha au gibet qui avait la forme d'une croix. Ses deux mains, ramenées sur le dos, furent liées à la pièce transversale, et ses deux pieds repliés par derrière lui donnaient l'attitude d'un homme à genoux, à cinq ou six pouces au-dessus de terre. L'exécuteur lui mit alors au cou la corde qui devait l'étrangler, et un bâton, qui en tenait les extrémités, lui servit à produire la fatale torsion. »
(*Vie Abrégée Du Vénérable J.-GABRIEL PERBOYRE, Prêtre de la Congrégation de la Mission dite des Lazaristes,* édité par GAUME ET Cie, 1886)

Jean-Gabriel Perboyre ne fut jamais attaché au gibet vêtu de la robe rouge des condamnés. C'est en caleçon qu'il est mort. Pourquoi ce choix ? Jésus est pourtant modestement vêtu. Qui a décidé qu'il n'était pas possible d'aller aussi loin dans la ressemblance d'avec son « maître » ? Certes, cette robe rouge participe à la beauté des représentations… et on ne peut donc qu'apprécier la diversité en notant l'utilisation pour les vitraux du mauve à Cézac et du vert foncé à Montauban, également repris avec bonheur, en clair, dans la statue de l'église de Villeneuve sur Lot.

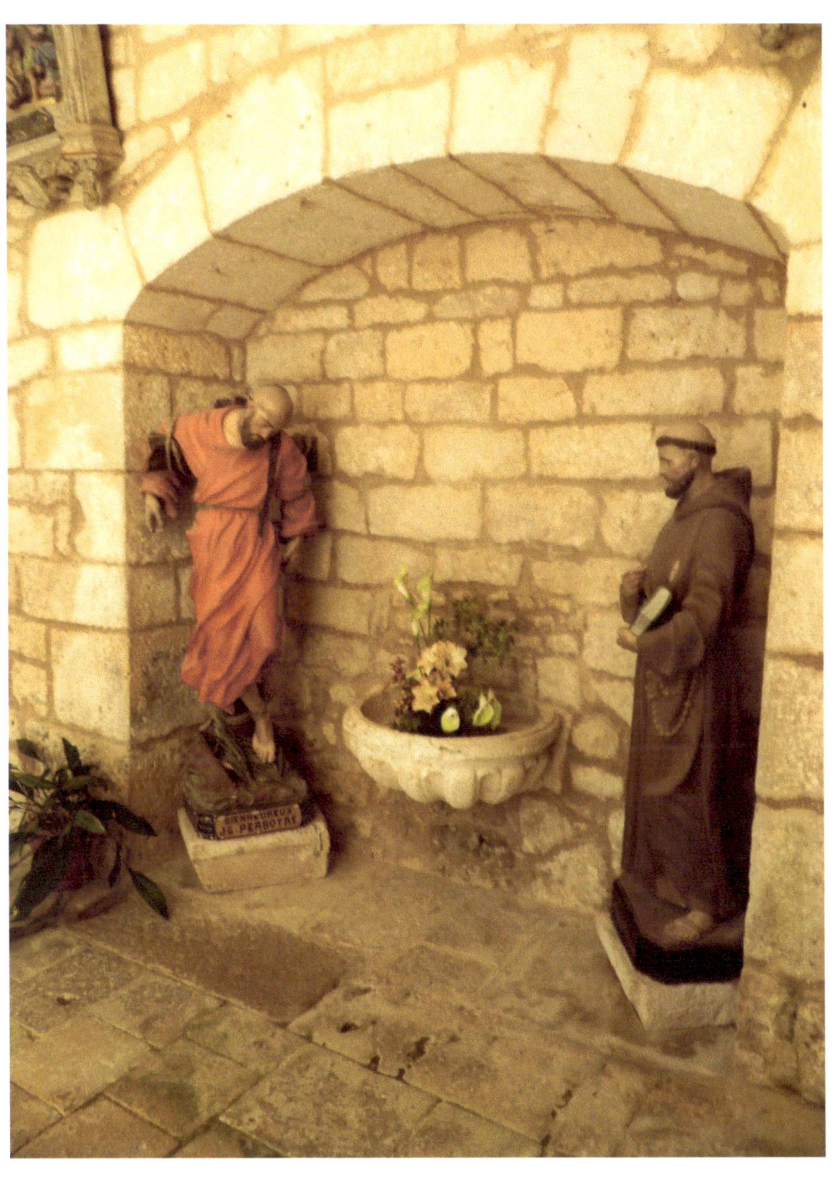

Fontanes, avec St François d'Assise

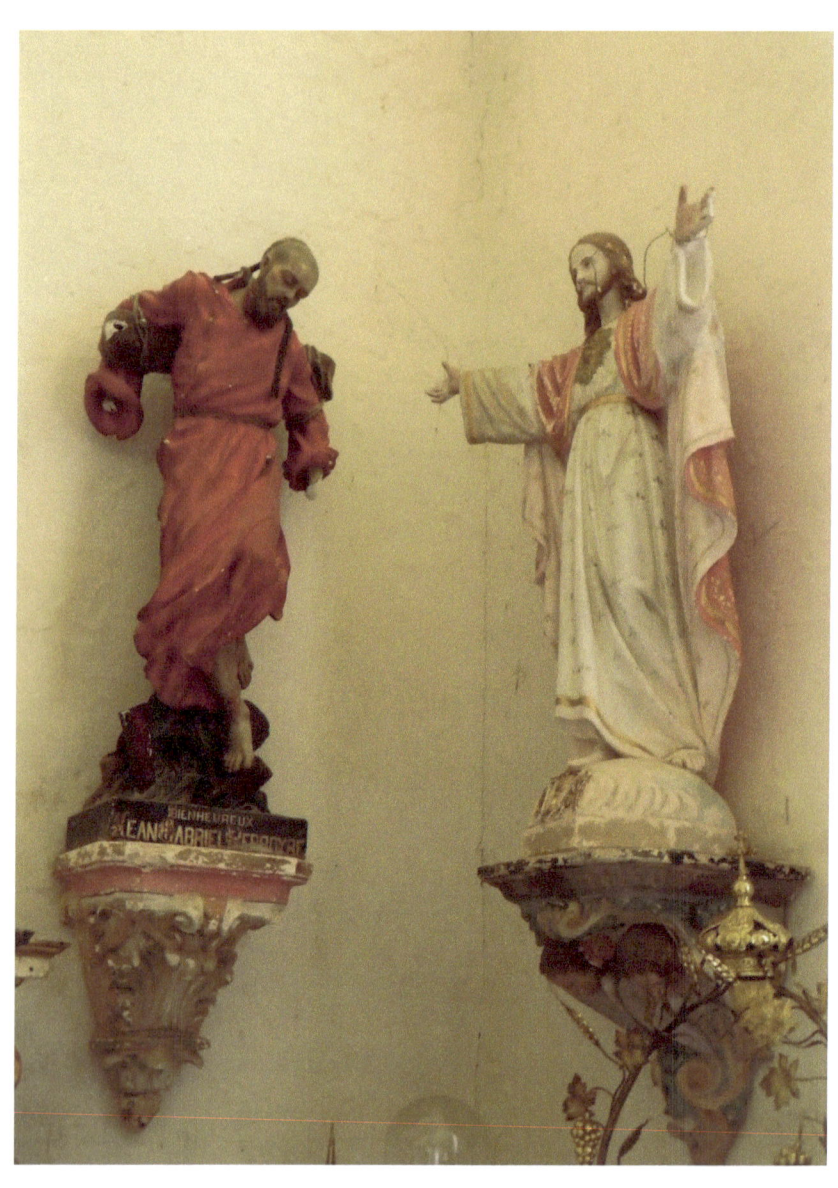

Le Boulvé : dans la sacristie.

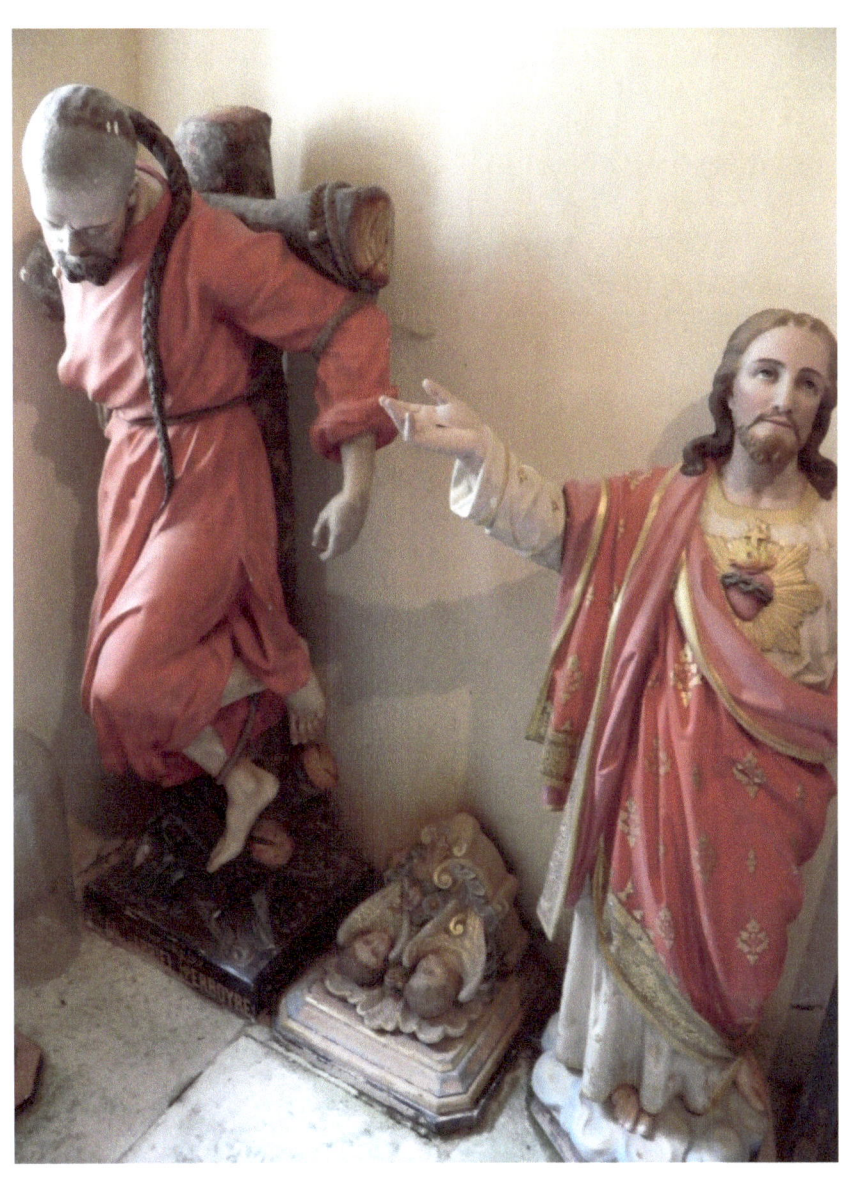

Saux : également dans la sacristie.

Sa famille

Son père : Pierre Perboyre, né à Catus en 1771, décédé le 24 mai 1859.
Sa mère : Marie Rigal, née en 1778 au Puech (Montgesty), décédée le 2 avril 1862. Ils se sont mariés en 1799 et auront huit enfants :
- Jean-Gabriel, l'aîné, né le 5 janvier 1802.
- Jeanne, née en 1805, mariée avec Guillaume Lavergne, décédée en 1854.
- Louis, né le 23 novembre 1807, prêtre de la Congrégation des Lazaristes (reçu au séminaire de Paris le 9 septembre 1825, fit ses vœux le 23 septembre 1827 ; ordonné prêtre le 3 octobre 1830) ; décédé en mer, en route pour la Chine, le 2 mai 1831.
- Mariette, née en 1809 ; décédée au moment d'entrer au Carmel en 1826.
- Jean-Jacques, né le 21 mai 1810, reçu au séminaire à Paris le 18 septembre 1832, comme frère coadjuteur ; admis aux Saints Ordres en octobre 1843 ; décédé le 10 août 1896 à Paris.
- Antoine, né en 1813 ; assura la succession à la ferme, marié à Françoise Pontié ; décéda jeune, au Puech un an après son père, en 1860.
- Antoinette, née le 3 mars 1815 ; entrée chez les Filles de la Charité, en communauté, en 1833 ; partie en Chine en 1847, décédée à Chang-hai, le 2 octobre 1898.
- Marie-Anne, née le 22 avril 1817 ; entrée chez les Filles de la Charité, en communauté, en 1840 ; décédée à Naples, le 24 février 1896.

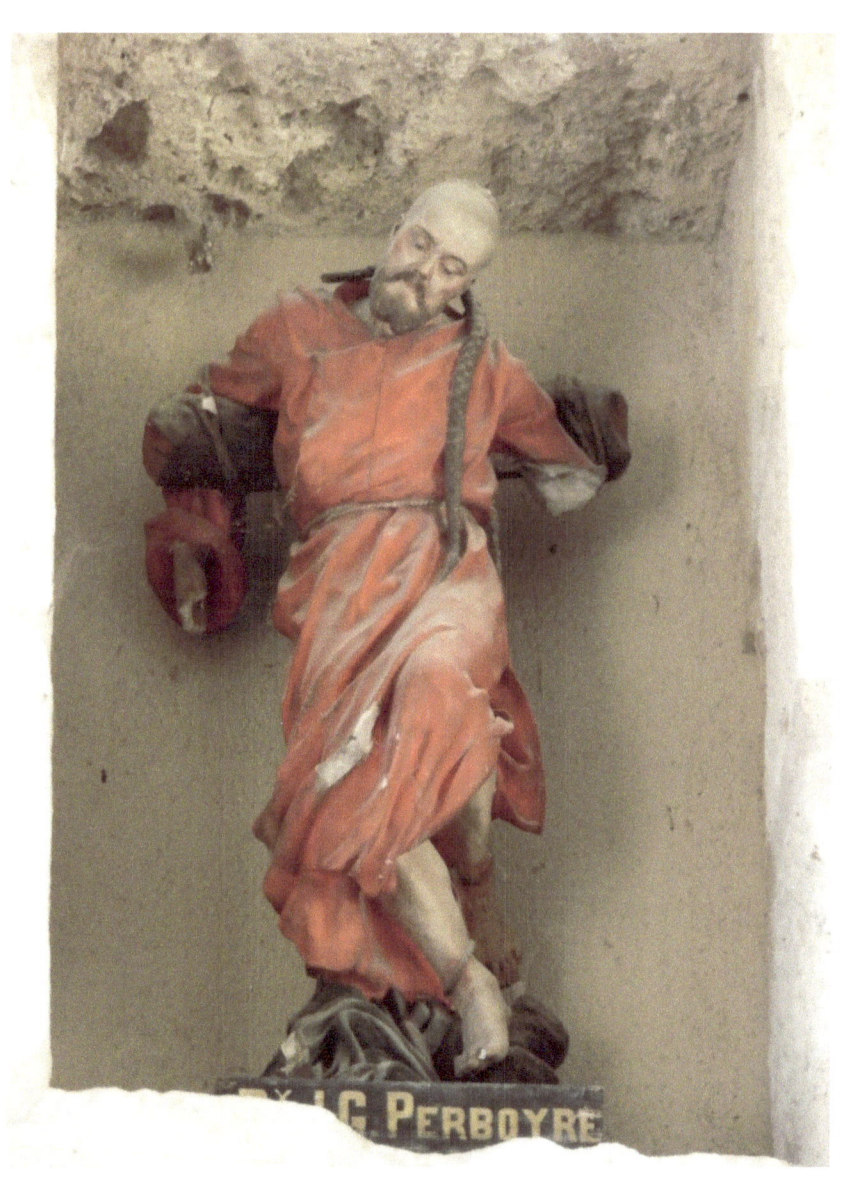

Saint Laurent Lolmie

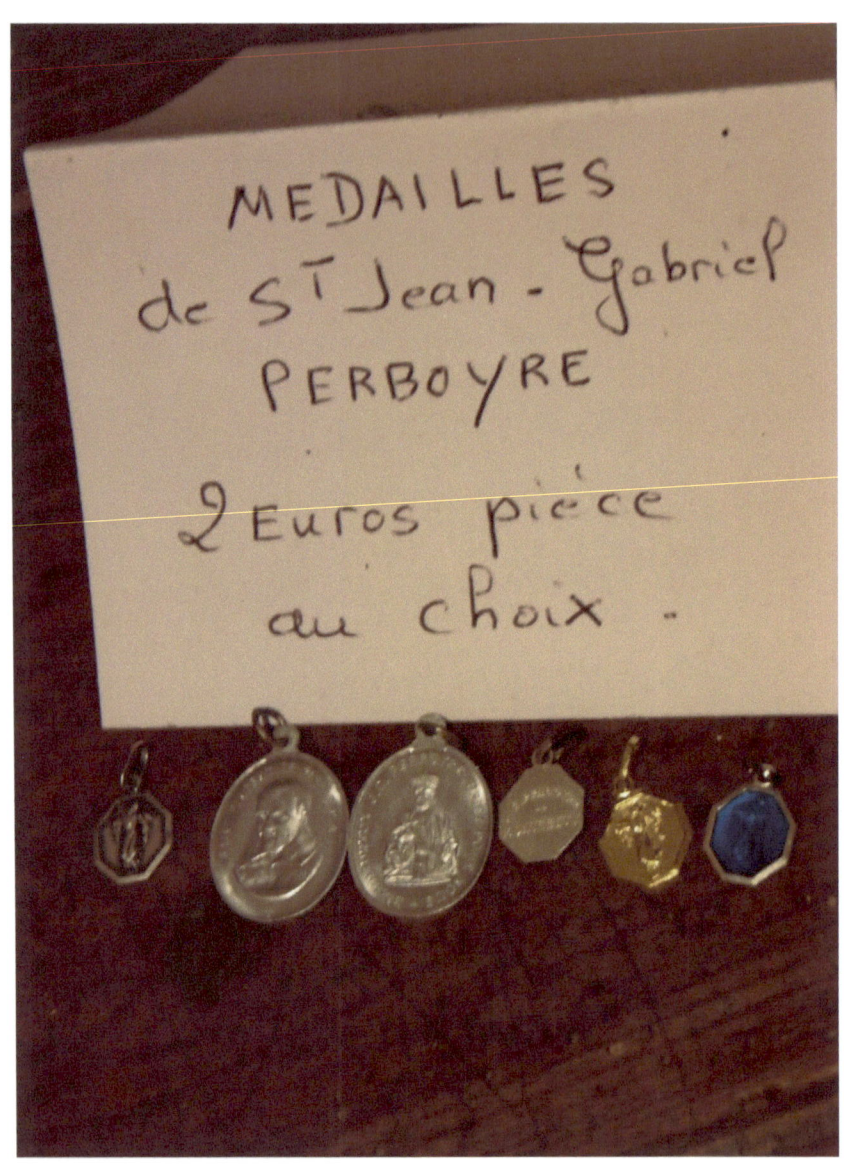

Église de Montgesty

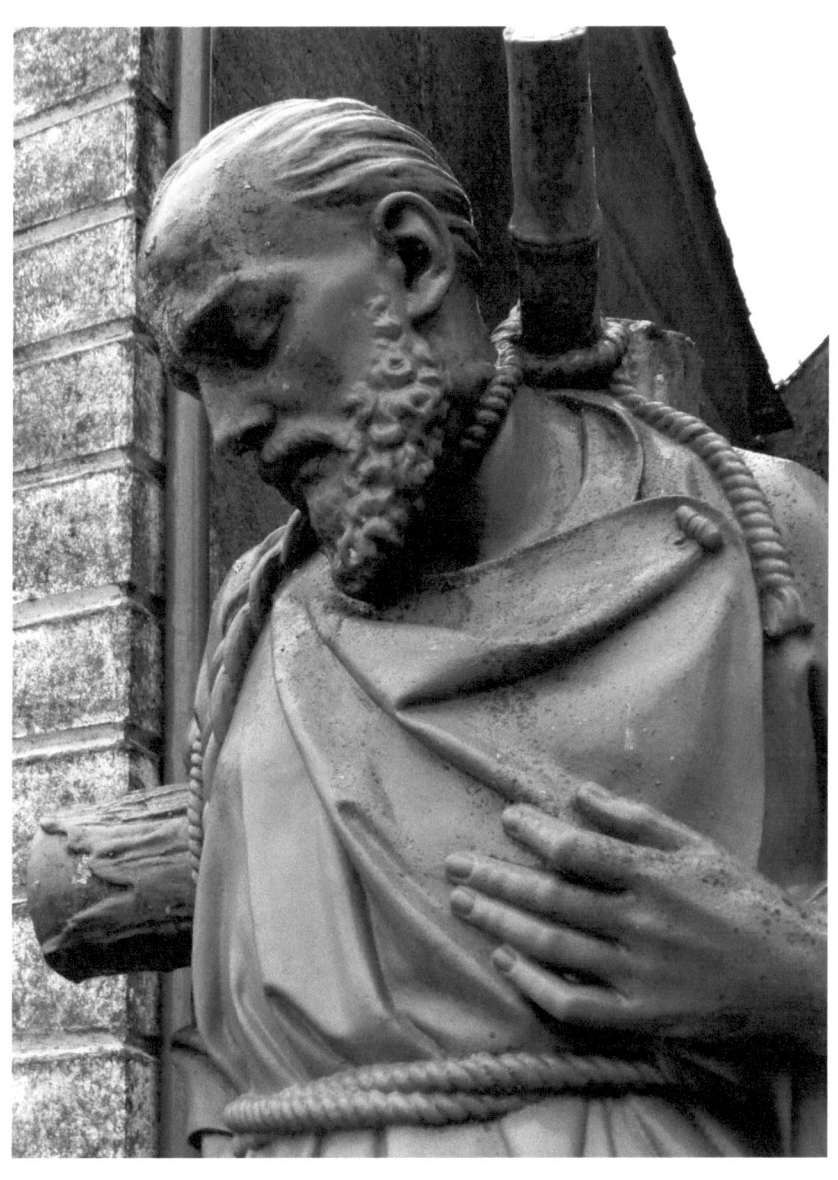

Montgesty

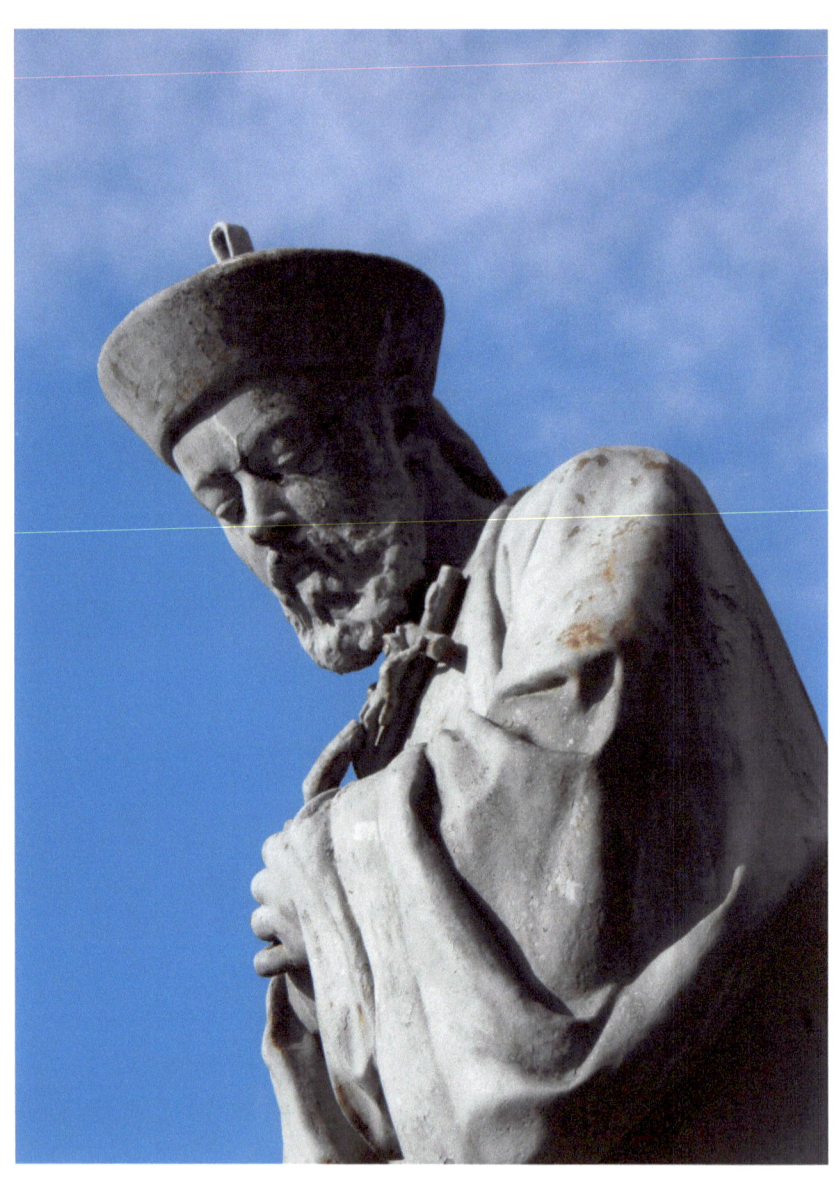

Cahors

Un enfant du Quercy...

Quel avenir pour le fils ainé d'un couple d'agriculteurs certes modestes mais propriétaires au début du dix-neuvième siècle ? Continuer...
L'enfant, dès six ans, s'occupera des moutons...

De la vigne, des ovins... mais un oncle prêtre lazariste, Jacques, à la tête d'un collège à Montauban... et une famille très pieuse.

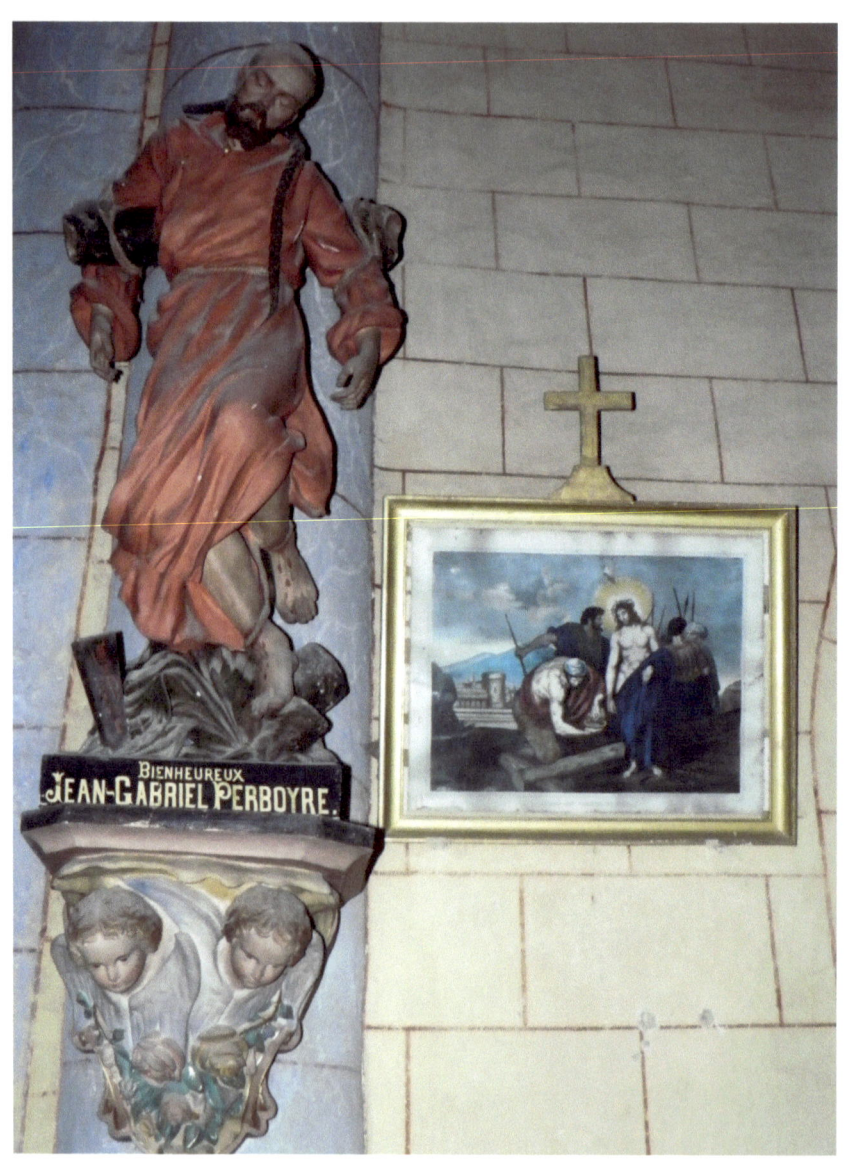

Carnac

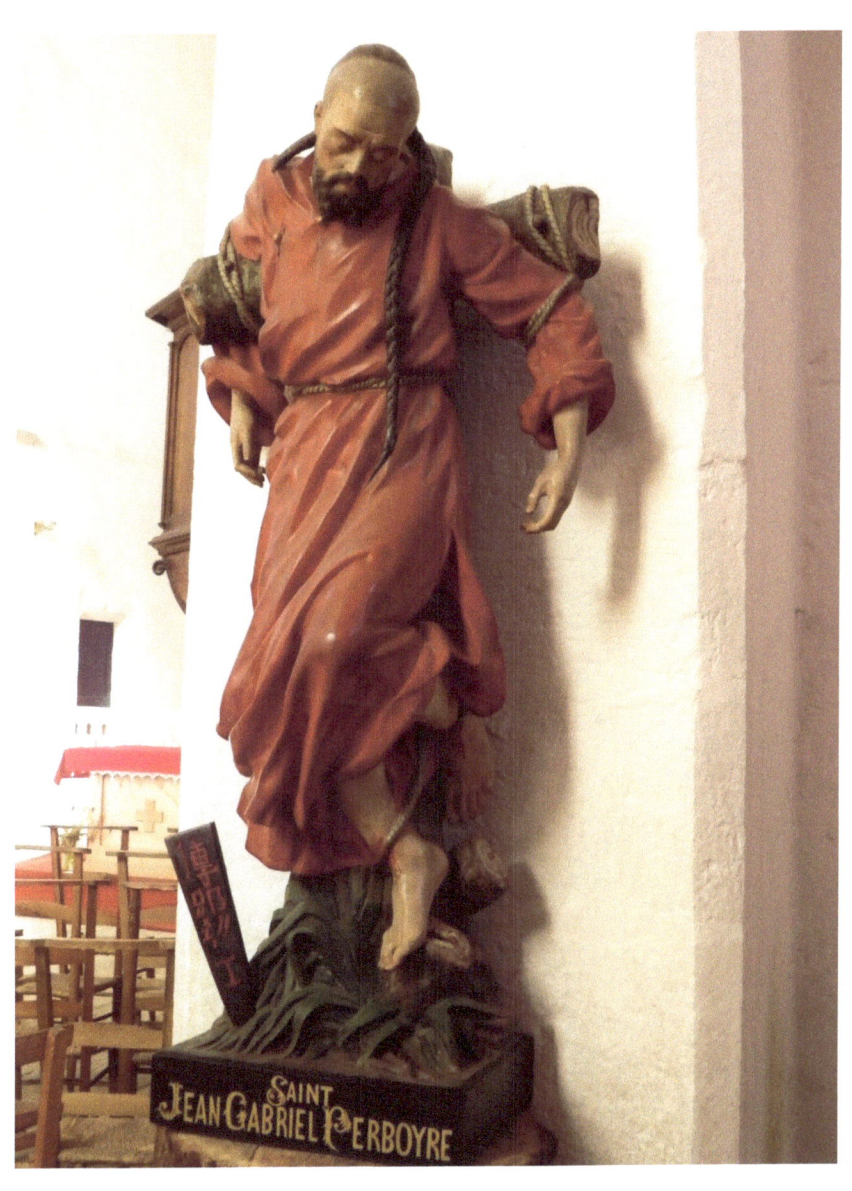

Saint Cirq Lapopie

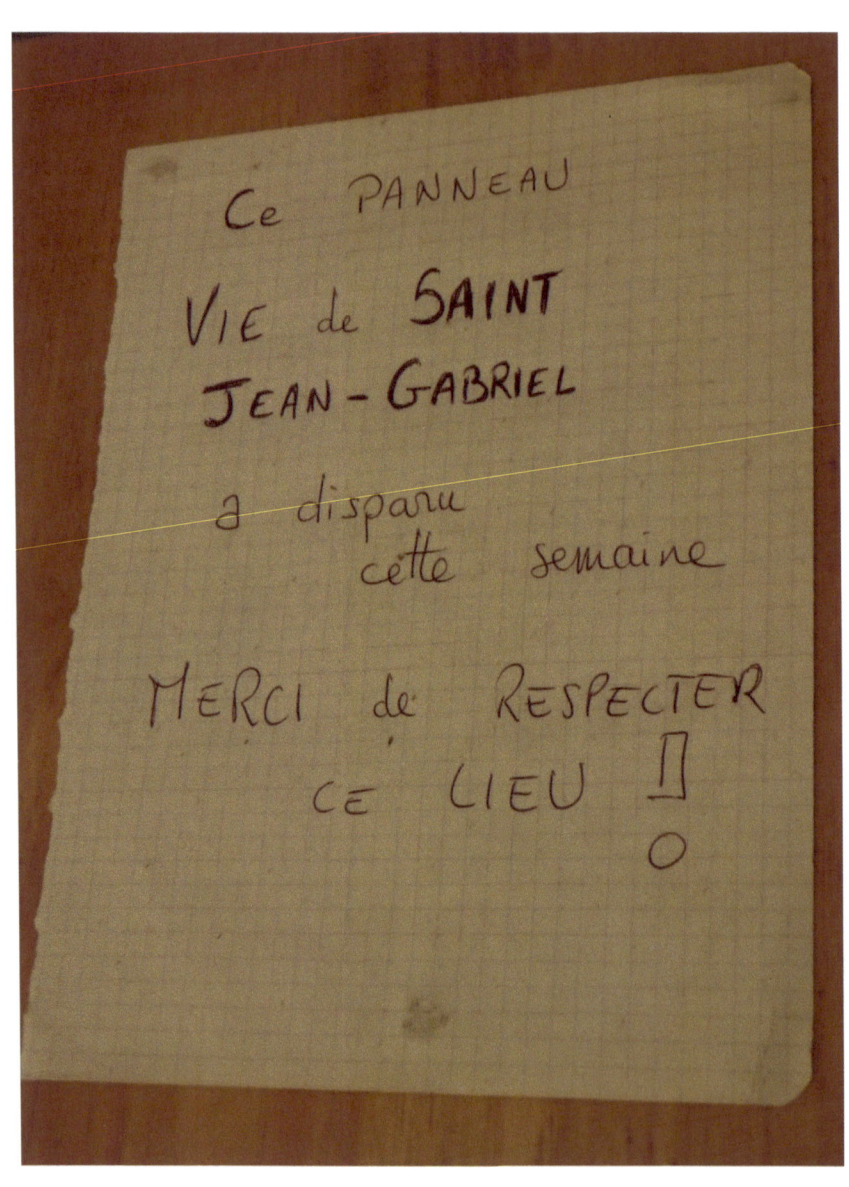

Saint Cirq Lapopie

En 1816 son frère Louis, 9 ans, part à Montauban, entre au collège dirigé par leur oncle Jacques.

Jean-Gabriel l'accompagne, normalement pour deux mois, afin d'éviter une séparation trop brutale à ce jeune enfant.

Le grand frère témoigne rapidement de bonnes capacités d'études... au point que l'oncle parvient à le conserver...

Il reste un beau passage du futur Saint, écrit le 16 juin 1817 : « Mon cher père, après votre départ de cette ville, j'ai réfléchi sur la proposition que vous m'aviez faite d'étudier le latin. J'ai consulté Dieu sur l'état que je devais embrasser pour aller plus sûrement au ciel. Après bien des prières, j'ai cru que le Seigneur voulait que j'entrasse dans l'état ecclésiastique. En conséquence, j'ai commencé à étudier le latin (...) si le bon Dieu m'appelle à l'état ecclésiastique, je ne puis pas prendre d'autre chemin pour arriver à l'éternité bienheureuse. »

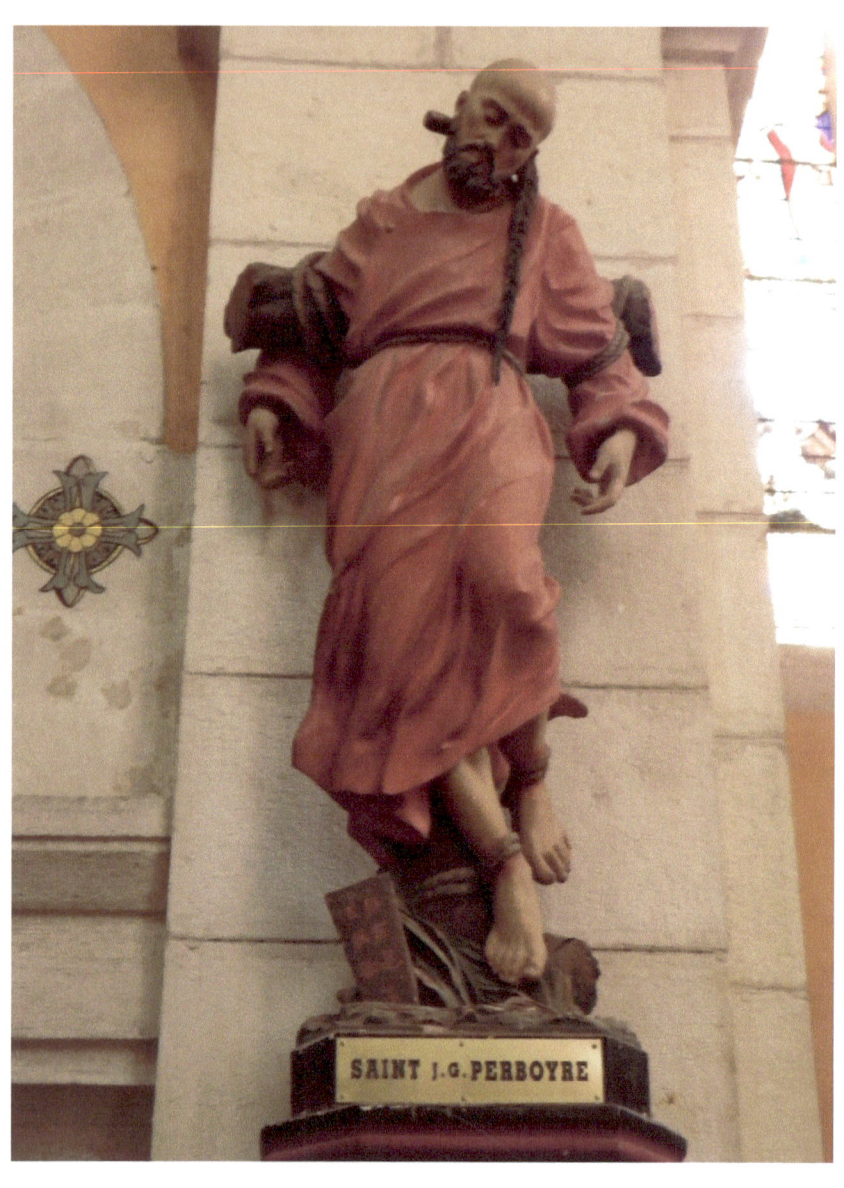

Albas

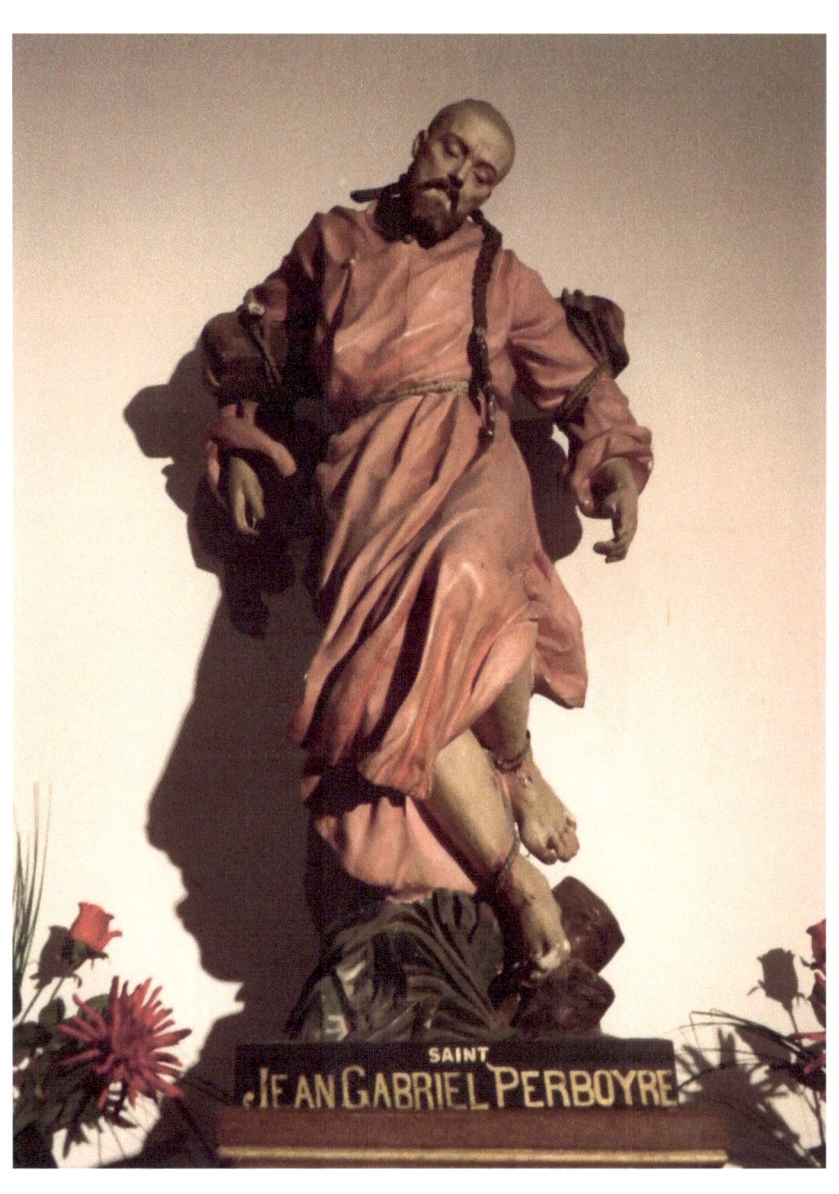

Montgesty

Pour compléter le tableau des « coïncidences », en plus d'une mort avec des malfaiteurs, une croix serait apparue dans le ciel et « un satellite, pour l'achever, le frappa violemment dans le bas ventre, lui imprimait ainsi un dernier trait de similitude avec le Sauveur percé d'une lance. » Puis le mandarin qui l'avait fait arrêter, fut destitué et se pendit de désespoir. Le vice-roi de Ou-Tchang-Fou fut banni par l'Empereur. Ce qui selon des chrétiens rappelle Hérode et Ponce Pilate (dont on n'est pas certain des destins).

Puis il y eut des « miracles » : « *En 1841 à Paris, en 1842 à Constantinople, deux guérisons éclatantes eurent lieu sur deux Filles de la Charité, pendant une neuvaine adressée au martyr. Dans son propre pays, des grâces extraordinaires étaient aussi obtenues, et des pèlerins se rendaient à la maison qui l'avait vu naître, pour l'implorer ou lui rendre grâces.* »

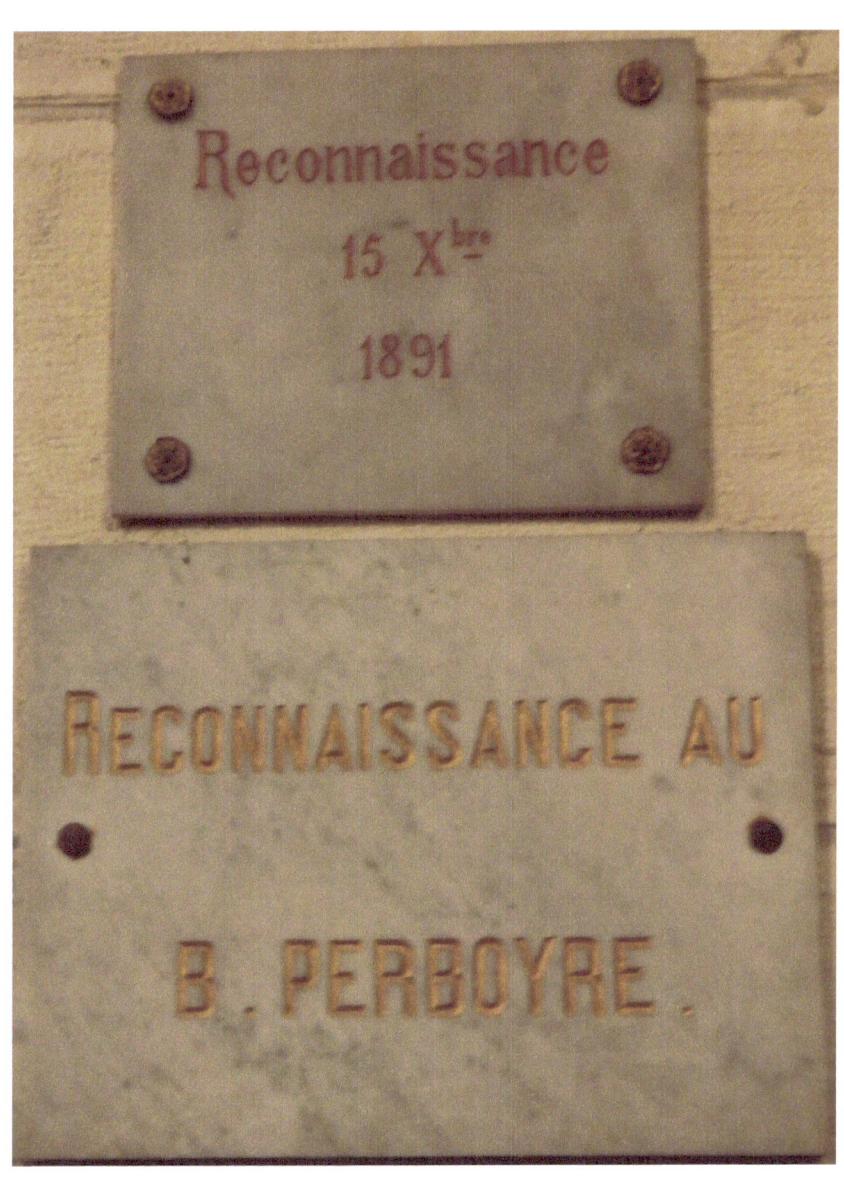

Montgesty

La pensée de Jean-Gabriel Perboyre

L'absence de références à la pensée "du Saint" surprend dans les livres "d'édification des masses."

--> L'humilité et la prière procurent plus de connaissance de Dieu que de superbes raisonnements.

--> Le bon Dieu châtie ceux qu'il aime : regardez les souffrances comme des présents du ciel et comme d'excellents moyens de sanctification et de salut.

--> Le Bon Dieu ne l'a affligé que pour son bien, il peut en être persuadé. En souffrant, il expie les peines qu'il aurait à endurer en Purgatoire et il mérite une plus grande gloire pour le ciel.

--> Toute la vie doit être une préparation continuelle à une sainte mort.

--> Quant à vous, mon cher frère, quoique vous soyez encore jeune, pensez que vous pouvez mourir tous les jours. Vivez comme si chaque jour était le dernier de votre vie.

--> Les contrariétés que vous fait éprouver l'esprit du monde au milieu duquel vous vivez, ne serviront qu'à vous en détacher de plus en plus et à vous faire soupirer sans cesse vers le Seigneur.

Je remplacerais "le Seigneur" par "la sérénité" ?...

Ces "aphorismes" me semblent tout droit venus de ceux, plus concis, du cloître du Séminaire des Carmes de Montauban.

Instinct de Mort...

Extraits "*Les Deux nouveaux Martyrs : Jean-Gabriel Perboyre, de la congrégation de la Mission, dite des Lazaristes, et Pierre-Louis-Marie Chanel, de la Société de Marie, béatifiés par Léon XIII les 10 et 17 novembre 1889*" édité par H. Castermann (Tournai) en 1890 :

« Ce désir avait été le motif dominant de son entrée dans la Congrégation ; la pensée du martyre surtout faisait battre son cœur. Il enviait le sort de cet autre prêtre de la Mission, M. Clet, qui fut martyrisé en Chine : « *Quelle belle fin que celle de M. Clet ! disait-il ; priez Dieu que je finisse comme lui.* » Il réunit un jour les novices pour leur montrer la corde qui avait étranglé ce vaillant confesseur, et il s'écria : « *Quel bonheur pour nous, si nous avions un jour le même sort !* » Puis, il dit à l'un d'eux : « *Priez bien que ma santé se fortifie et que je puisse aller en Chine... mourir pour Jésus-Christ.* »

« Sa santé chancelante faisait craindre, en effet, que, s'il partait, il succomberait comme Louis son frère, avant même le terme du voyage. Et pourtant, depuis six ans, il implorait chaque jour, en célébrant la messe, la grâce de répandre son sang pour son Sauveur. »

« Dans une composition qu'il lut publiquement à la fin de sa rhétorique, une phrase trahissait encore ses désirs : « *Ah ! Qu'elle est belle, cette croix placée au milieu des terres infidèles et souvent arrosée du sang des apôtres de Jésus-Christ !* » »
Torturé... : « Rentré dans sa prison, il ne manquait

jamais de remercier Dieu avec effusion des grâces qu'il venait de lui accorder, le conjurant de pardonner à ses bourreaux et de soutenir jusqu'au bout son courage. »

Naturellement, l'horreur face aux multiples sévices des bourreaux suscite parfois l'envie de vomir... mais rapidement le lecteur doit se souvenir qu'il a souhaité cela ! Et finalement « il s'estimait heureux d'avoir été jugé digne de souffrir quelque chose pour le nom de Jésus. »

En partant propager sa foi dans un pays s'étant protégé de ce prosélytisme en instituant la peine de mort pour ce délit, le lotois souhaitait mourir pour la foi.

« Ses chairs étaient tellement meurtries et labourées par les coups, que des morceaux pendaient çà et là, et que d'énormes lambeaux en avaient été enlevés ; qu'enfin ses membres ne formaient plus qu'une plaie, et que, semblable à notre divin Sauveur dans sa passion, il n'avait plus même l'apparence d'un homme. Mais, dans un corps ainsi broyé et mis en pièces, l'âme du saint confesseur, soutenue par la vertu divine, supportait toutes ces souffrances avec une admirable sérénité, et son regard, rayonnant à travers les meurtrissures de son visage, montrait combien il s'estimait heureux d'avoir été jugé digne de souffrir quelque chose pour le nom de Jésus. »

La mort du frère

On ne comprend pas cet homme si l'on occulte qu'il s'agit de l'événement le plus important de sa vie, cette mort de son frère. Un traumatisme où suivre la même voie représentait une possibilité de guérison.
La nouvelle ne lui parvient qu'en février 1832 alors que Louis lui avait écrit en partant de l'île Bourbon, le 30 mars 1831, peu de jours avant l'heure fatale.

À ses parents « *Méprisons le monde, détachons-nous de toutes les choses de la terre, attachons-nous à Dieu seul et à son service ; nous ne recueillerons à la mort que ce que nous aurons semé pendant la vie.* »
À son oncle : « *il s'est élancé à travers les mers, cherchant la mort des martyrs. Il n'a trouvé que celle d'un apôtre. Que ne suis-je trouvé digne d'aller remplir la place qu'il laisse vacante ! Que ne puis-je aller expier mes péchés par le martyre après lequel son âme innocente soupirait si ardemment ? Hélas ! j'ai déjà plus de trente ans, qui se sont écoulés comme un songe, et je n'ai pas encore appris à vivre ! Quand donc aurai-je appris à mourir ? Le temps disparaît comme une ombre légère, et sans nous en apercevoir nous arrivons à l'éternité.* »

Entrer dans une église fermée...

Dans de nombreuses campagnes, les églises constituent l'un des rares éléments à mettre en valeur... Pourtant leur fermeture est fréquente... Alors, même si les maires et secrétaires de mairies de ces villages sont le plus souvent très aimables et disponibles, faire demi-tour devant une porte fermée constitue l'attitude la plus fréquente...

Certains vitraux méritent un coup d'œil de l'extérieur...

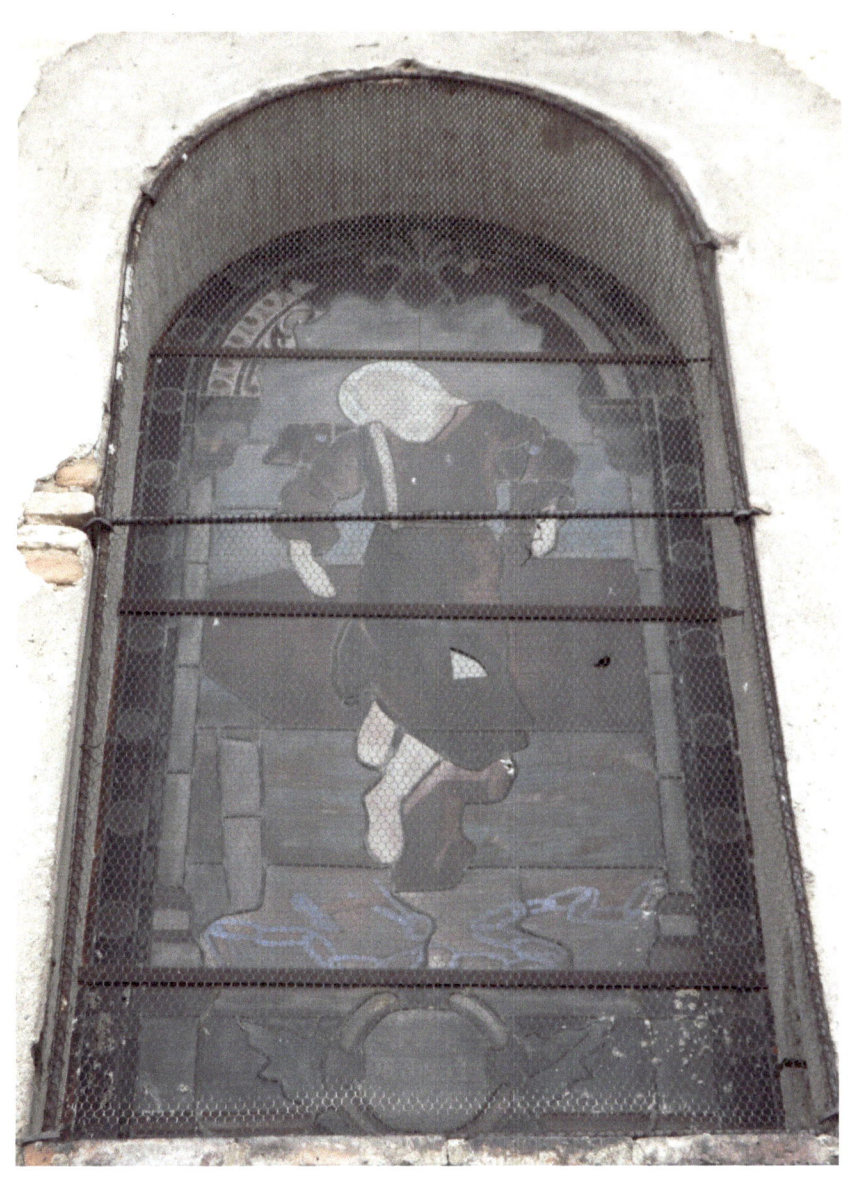

Montauban

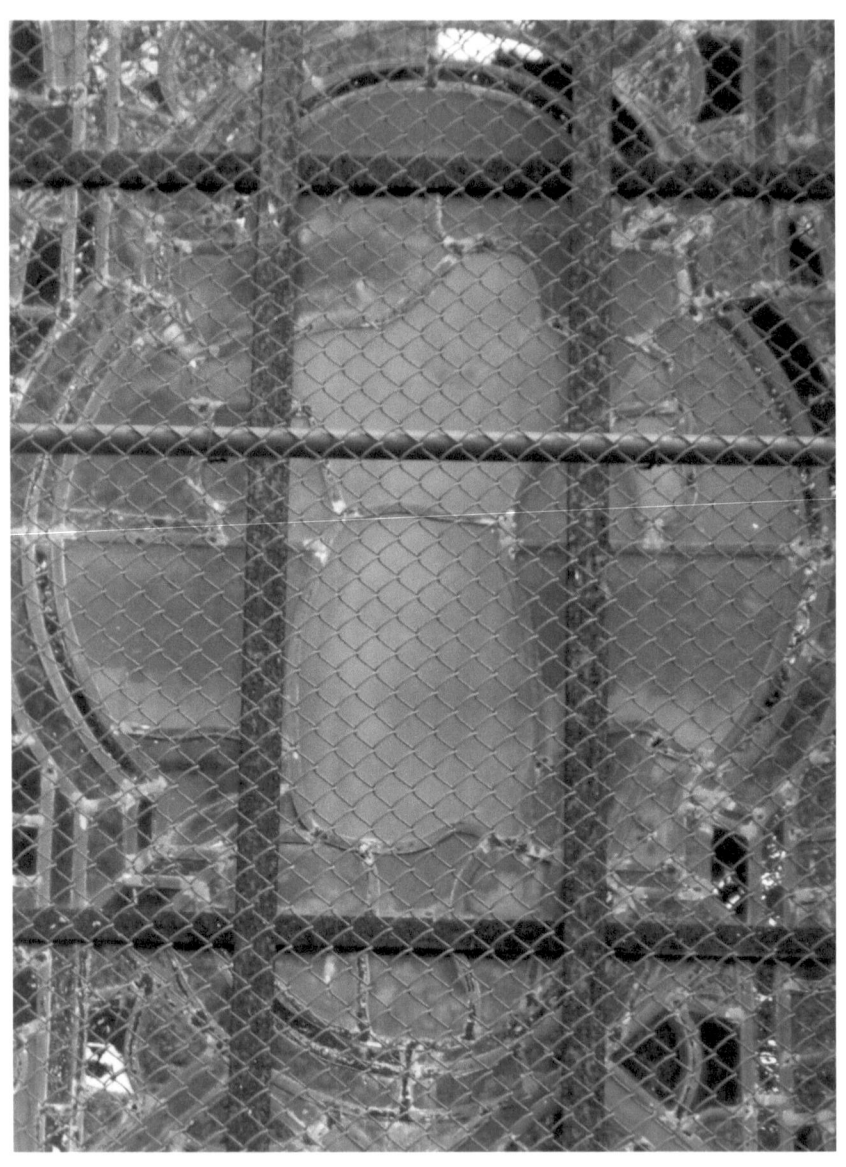

Fauroux

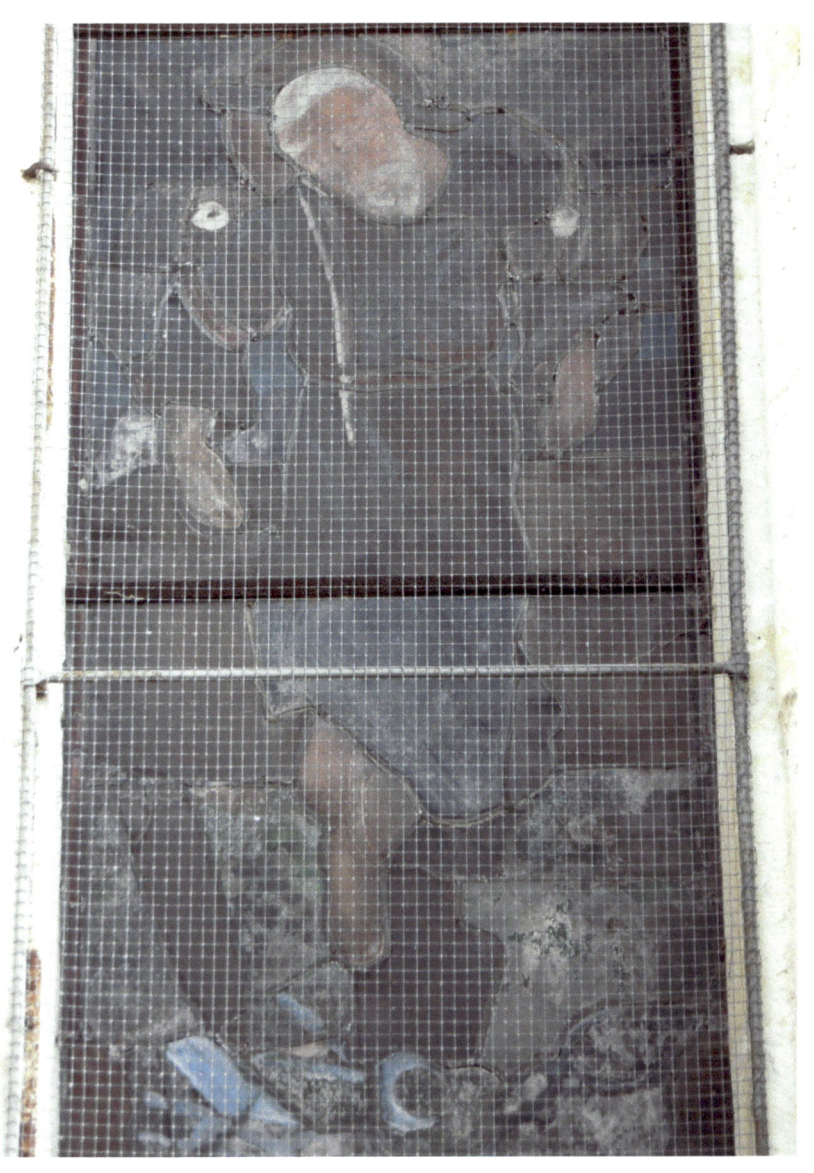

Cézac

Le nom chinois...

Tong-Ouen-Sio : le nom chinois de JGP, ailleurs noté « Tong Wen Siao », signifiant « personne ayant reçu par voie testamentaire la mission de transmettre le message. »

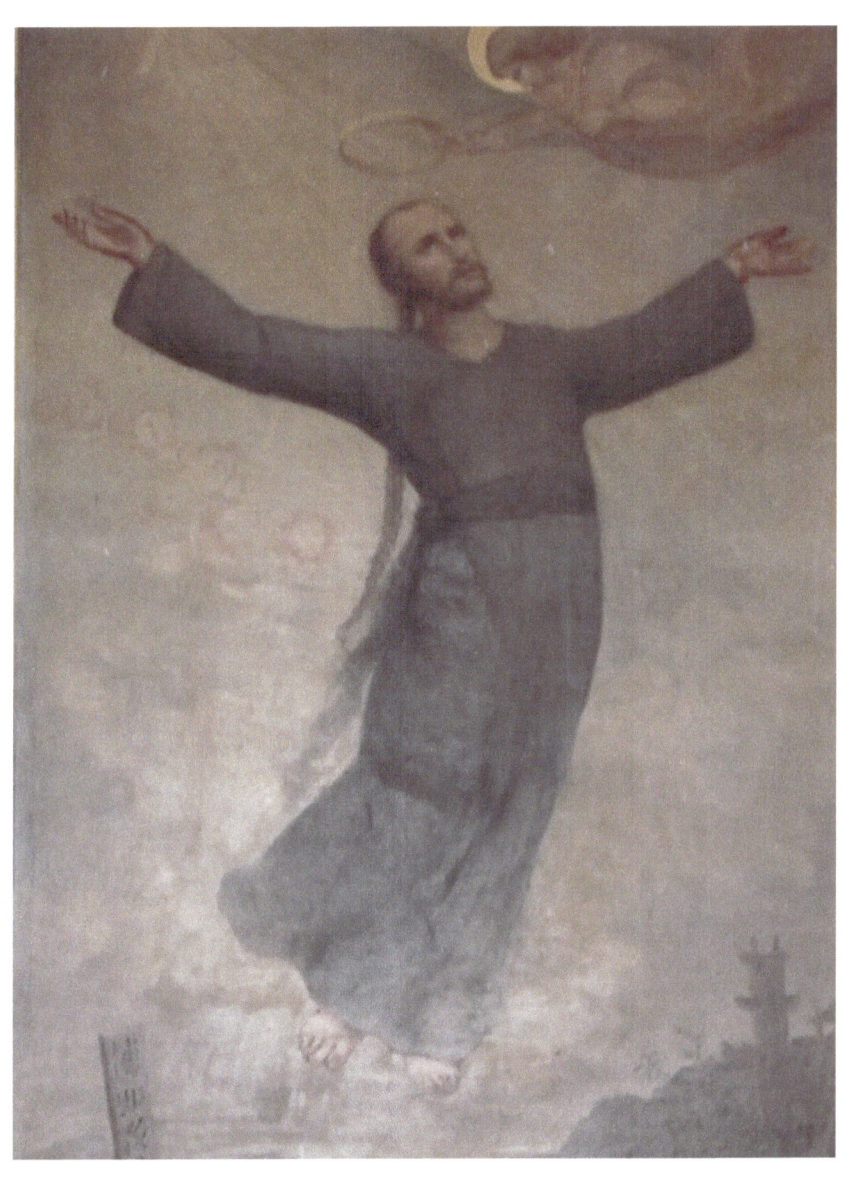

Tableau à Castelfranc

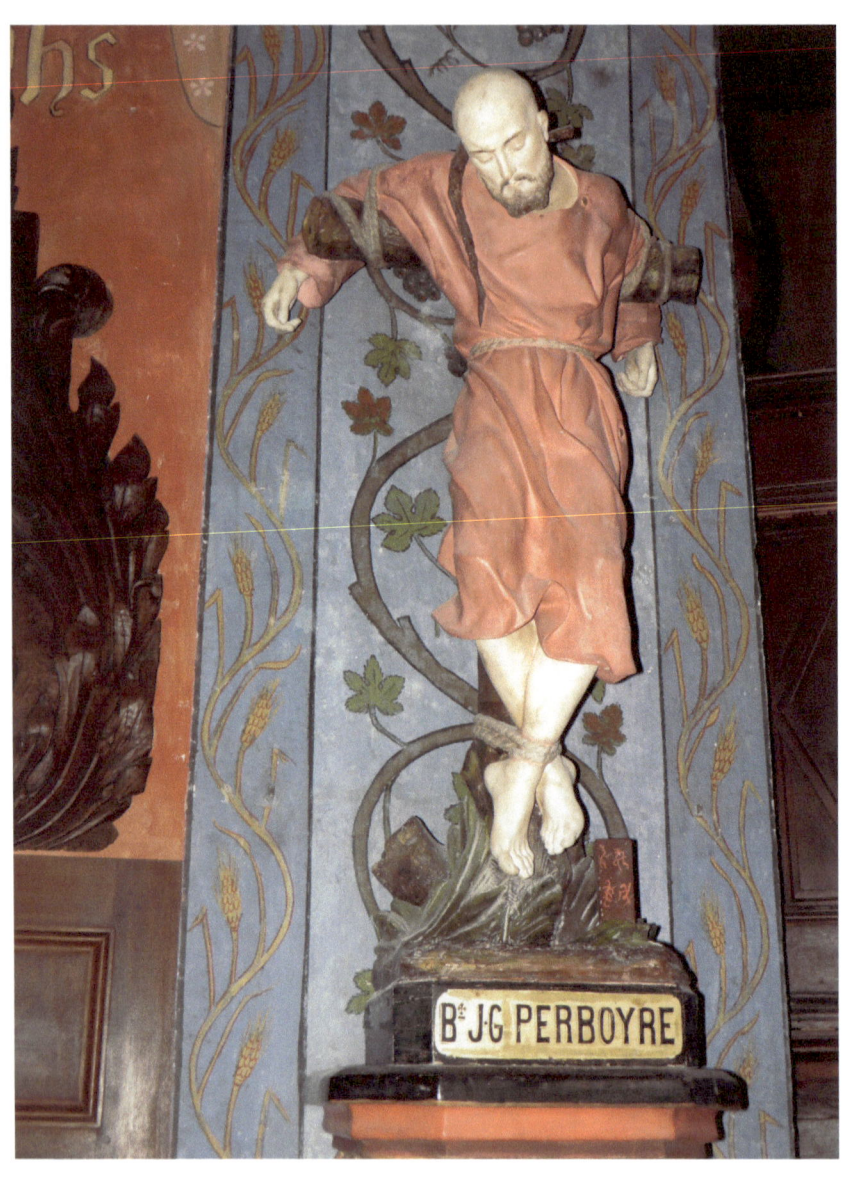

Villesèque

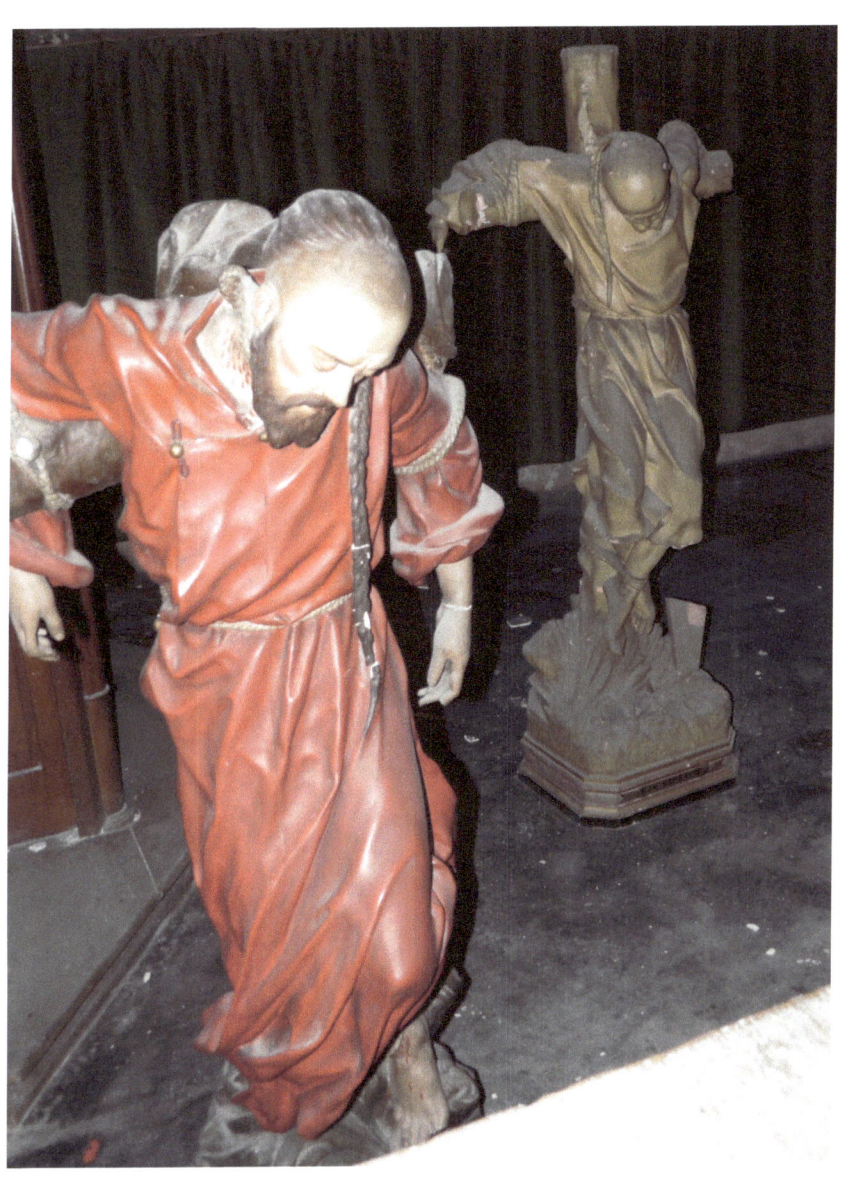

Église St-Urcisse de Cahors

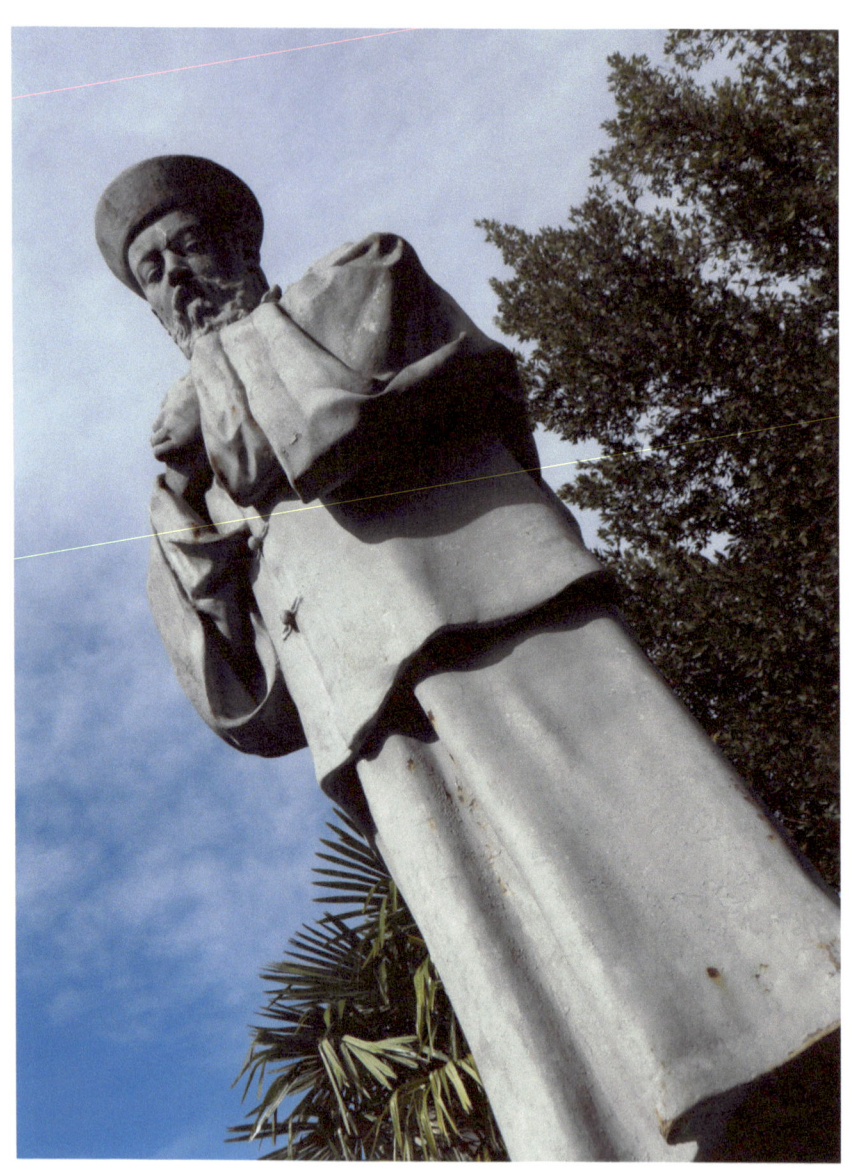

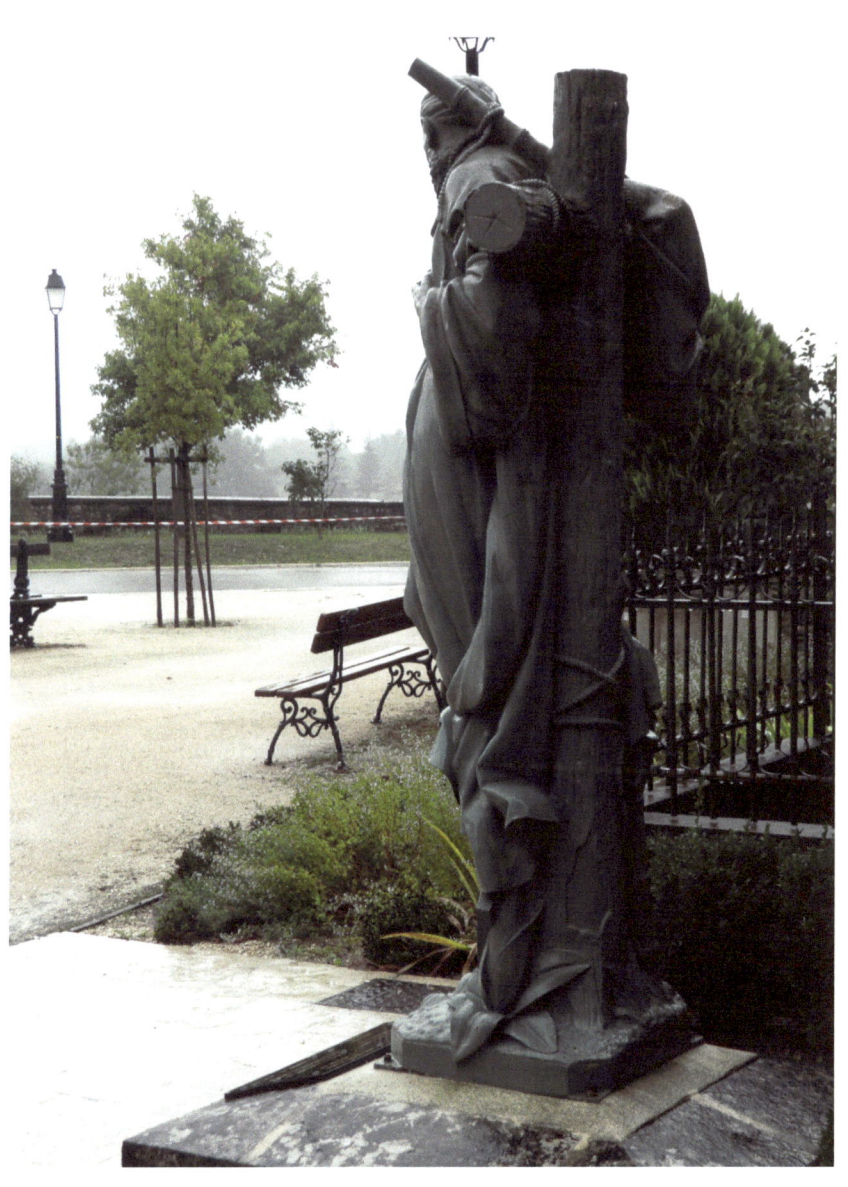

Peu de livres existent...

- *Vie Abrégée Du Vénérable J.-GABRIEL PERBOYRE, Prêtre de la Congrégation de la Mission dite des Lazaristes,* édité par GAUME ET Cie, LIBRAIRES-ÉDITEURS 3, RUE DE l'ABBAYE en 1886.

- *Gabriel Perboyre, ou l'aventureux pèlerinage,* publié par l'éditeur Barbou frères (Limoges) en 1853.

- *Les Deux nouveaux Martyrs : Jean-Gabriel Perboyre, de la congrégation de la Mission, dite des Lazaristes, et Pierre-Louis-Marie Chanel, de la Société de Marie, béatifiés par Léon XIII les 10 et 17 novembre 1889...*
Publié par H. Castermann (Tournai) en 1890.

- *Une semence d'éternité (Saint Jean-Gabriel Perboyre)*, par Jean-Yves Ducourneau, c.m., publié en 1996 par Médiaspaul, c.m. pouvant signifier « congrégation de la mission », avec une préface de Maurice Gaidon, alors Évêque du diocèse de Cahors (il le fut de 1987 à 2004 ; décédé le 14 novembre 2011).

Cette préface, je n'aurais pas la désobligeance (pour l'auteur) de la qualifier "partie la plus intéressante" du livre mais elle débute par un iconoclaste « *étrange souhait que celui de vouloir atteindre à la sainteté... par le martyre !*
Voilà qui laisse rêveur le chrétien [et perplexe l'athée pourrait-on ajouter] *qui préfère des sommets moins abrupts et un programme mieux adapté à nos horizons quotidiens. Voilà qui inquiète le soupçonneur de service qui décèle, derrière de*

tels propos [avec passage aux actes !], *d'évidents symptômes révélateurs d'une personnalité inquiétante. »*

C'était donc en 1996. Comment réagirait-on si l'on utilisait un passage du paragraphe suivant au sujet des kamikazes, car la même approche pourrait prévaloir « *Notre premier Saint de Chine n'est pas une personnalité à jauger à l'aune de la psychologie mais juger selon les critères de l'authenticité évangélique. C'est un fou, mais un fou de Dieu que l'Église ose reconnaître solennellement comme un saint et proclamer à la face du monde comme un merveilleux exemple d'Évangile vécu.* »

Le 11 septembre 2001 constitue bien un séisme, une frontière dans nos approches, car depuis un Évêque tournerait sept fois son clavier pour au moins adoucir une telle formulation. Peut-être est-elle là, la raison du silence autour du Saint lotois du 11 septembre. Non ? Je pense qu'une société « aux racines judéo-chrétiennes » doit savoir regarder ses canonisations en face. Plus j'avançais dans l'étude de « ce voisin », plus s'est imposée en moi la conviction de travailler sur un sujet majeur de notre époque.

Entre crochets, il s'agit toujours de remarques (plus ou moins heureuses mais c'est ainsi !) de l'auteur.

- En plus d'analyses, "*Le Martyr et Saint du 11 septembre : Jean-Gabriel Perboyre*" de Stéphane Ternoise, reprend les trois premiers livres quasi introuvables dans leur édition originale.

Auteur

Né en 1968, il publie depuis 1991, d'abord sous son nom de naissance puis sous divers pseudonymes, éditeur indépendant depuis son premier livre.

Dès 2004, il a proposé des livres numériques, en PDF. Mais c'est en 2011 seulement que les ventes dématérialisées ont démarré. Son catalogue numérique (depuis mi 2011 distribué par *Immateriel*) a ainsi rapidement dépassé celui du papier, grâce à des essais, des livres de photos… tout en continuant la lente écriture dans les domaines du théâtre et du roman. Depuis octobre 2013, et son « identifiant fiscal aux États-Unis », son catalogue papier tend à rattraper celui en pixels.

Il convient donc de nouveau d'aborder l'auteur sous le biais de l'œuvre. Ainsi, pour vous y retrouver, http://www.ecrivain.pro essaye de fournir une vue globale. Et chaque domaine bénéficie de sites au nom approprié :
http://www.romancier.org
http://www.parolier.org

http://www.essayiste.net

http://www.dramaturge.fr
http://www.lotois.fr

Vous pouvez légitimement vous demander pourquoi un auteur avec un tel catalogue ne bénéficie d'aucune visibilité dans les médias traditionnels. L'écriture est une chose, se faire des amis utiles une autre !

Catalogue

Romans : (http://www.romancier.org)

Le Roman de la révolution numérique également sous le titre *Un Amour béton*

Ils ne sont pas intervenus (le livre des conséquences) également sous le titre *Peut-être un roman autobiographique*

La Faute à Souchon ? également sous le titre *Le roman du show-biz et de la sagesse (Même les dolmens se brisent)*

Liberté, j'ignorais tant de Toi également sous le titre *Libertés d'avant l'an 2000*

Viré, viré, viré, même viré du Rmi

Quand les familles sans toit sont entrées dans les maisons fermées

Edition (http://www.auto-edition.com)

Le guide de l'auto-édition, papier et numérique

Le manifeste de l'auto-édition - Manifeste politico-littéraire pour la reconnaissance des écrivains indépendants et une saine concurrence entre les différentes formes d'édition

Écrivains, réveillez-vous ! - La loi 2012-287 du 1er mars 2012 et autres somnifères

Le livre numérique, fils de l'auto-édition

Réponses à monsieur Frédéric Beigbeder au sujet du Livre Numérique (Écrivains= moutons tondus ?)

Comment devenir écrivain ? Être écrivain ? (Écrire est-ce un vrai métier ? Une vocation ? Quelle formation ?...)

Copie privée, droit de prêt en bibliothèque : vous payez, nous ne touchons pas un centime - Quand la France organise la marginalisation des écrivains indépendants

Alertez Jack-Alain Léger !

Théâtre : (http://www.dramaturge.fr)
La baguette magique et les philosophes
Neuf femmes et la star
Avant les élections présidentielles
Les secrets de maître Pierre, notaire de campagne
Deux sœurs et un contrôle fiscal
Ça magouille aux assurances
Pourquoi est-il venu ?
Amour, sud et chansons
Blaise Pascal serait webmaster
Aventures d'écrivains régionaux
Trois femmes et un amour
Chanteur, écrivain : même cirque
« Révélations » sur « les apparitions d'Astaffort » Brel / Cabrel (les secrets de la grotte Mariette)
J'avais 25 ans

Pour troupes d'enfants :
Les filles en profitent
Révélations sur la disparition du père Noël
Le lion l'autruche et le renard
Mertilou prépare l'été
Nous n'irons plus au restaurant

Recueils :
Théâtre peut-être complet
La fille aux 200 doudous et autres pièces de théâtre pour enfants
Théâtre pour femmes

Chansons : (http://www.parolier.info)
Chansons trop éloignées des normes industrielles
Chansons vertes et autres textes engagés
Parodies de chansons - De Renaud à Cabrel En passant par Cloclo et Jacques Brel
Chansons d'avant l'an 2000
Vivre Autrement (après les ruines), l'album invisible…

Photos : (http://www.france.wf)
Cahors, 42 inscriptions aux Monuments Historiques
La disparition d'un canton : Montcuq
Montcuq, le village lotois
Cahors, des pierres et des hommes. Photos et commentaires
Limogne-en-Quercy Calvignac la route des dolmens et gariottes
Saint-Cirq-Lapopie, le plus beau village de France ?
Saillac village du Lot
Limogne-en-Quercy cinq monuments historiques cinq dolmens
Beauregard, Dolmens Gariottes Château de Marsa et autres merveilles lotoises
Villeneuve-sur-Lot, des monuments historiques, un salon du livre... -Photos, histoires et opinions
Henri Martin du musée Henri-Martin de Cahors - Avec visite de Labastide-du-Vert et Saint-Cirq-Lapopie sur les traces du peintre
L'église romane de Rouillac à Montcuq et sa voisine oubliée, à découvrir - Les fresques de Rouillac, Touffailles et Saint-Félix
Cajarc selon Ternoise

Livres d'artiste (http://www.quercy.pro)
Quercy : l'harmonie du hasard
Lot, livre d'art
Montcuq, livre d'art
Quercy Blanc, livre d'art
Cahors, livre d'art
Quercy : l'harmonie du hasard
La beauté des éoliennes
Golfech, c'est beau un village prospère à l'ombre d'une centrale nucléaire
Jésus, du Quercy

Essais (http://www.essayiste.net)
Ya basta Aurélie Filippetti !
Amour - état du sentiment et perspectives
Contrairement à Gérard Depardieu, dois-je quitter la France ?
Cahors, municipales 2014 : un enjeu départemental majeur
Quand Martin Malvy publie un livre : questions de déontologie

Politique : (http://www.commentaire.info)
Ce François Hollande qui peut encore gagner le 6 mai 2012 ne le mérite pas (Un Parti Socialiste non réformé au pays du quinquennat déplorable de Nicolas Sarkozy)
Nicolas Sarkozy : sketchs et Parodies de chansons
Bernadette et Jacques Chirac vus du Lot - Chansons théâtre textes lotois
Affaire Ségolène Royal - Olivier Falorni Ce qu'il faut en retenir pour l'Histoire - Un écrivain engagé, un observateur indépendant
François Fillon, persuadé qu'il aurait battu François Hollande en 2012, qu'il le battra en 2017

Notre vie (http://www.morts.info)
La trahison des morts : les concessions à perpétuité discrètement récupérées - Cahors, à l'ombre des remparts médiévaux, les vieux morts doivent laisser la place aux jeunes...
Cahors : Adèle et Marie Borie contre Jean-Marc Vayssouze-Faure - Appel à une mobilisation locale et nationale pour sauver les soeurs Borie...

Jeux de société
http://www.lejeudespistescyclables.com
La France des pistes cyclables - Fabriquer un jeu de société pour enfants de 8 à 108 ans
Le bon chemin pour Saint-Jacques-de-Compostelle

Divers :
La disparition du père Noël et autres contes
J'écris aussi des sketchs
Vive les poules municipales... et les poulets municipaux - Réduire le volume des déchets alimentaires et manger des oeufs de qualité
Le Martyr et Saint du 11 septembre : Jean-Gabriel Perboyre

En chti : (http://www.chti.es)
Canchons et cafougnettes (Ternoise chti)
Elle tiote aux deux chints doudous (théâtre)

Œuvres traduites (http://www.traducteurs.net)
La fille aux 200 doudous :
- *The Teddy (Bear) Whisperer* (Kate-Marie Glover)
- Das Mädchen mit den 200 Schmusetieren (Jeanne Meurtin)

- *Le lion l'autruche et le renard* :
- How the fox got his cunning (Kate-Marie Glover)

- *Mertilou prépare l'été* :
- The Blackbird's Secret (Kate-Marie Glover)

- *La fille aux 200 doudous et autres pièces de théâtre pour enfants (les 6 pièces)*
- La niña de los 200 peluches y otras obras de teatro para niños (María del Carmen Pulido Cortijo)

Chansons - CDs : (http://www.chansons.org)
Vivre Autrement (après les ruines)
Savoirs
CD Sarkozy selon Ternoise (parodies de chansons, 2006)

Mentions légales

Tous droits de traduction, de reproduction, d'utilisation, d'interprétation et d'adaptation réservés pour tous pays, pour toutes planètes, pour tous univers.

Site officiel : http://www.ecrivain.pro

Vous pouvez acquérir ces clichés au format originel du photographe, en droit de reproduction, exemplaires numérotés et signés, sur http://www.galerie.me

Dépôt légal à la publication au format ebook du 8 septembre 2014.

Imprimé par CreateSpace, An Amazon.com Company pour le compte de l'auteur-éditeur indépendant.
livrepapier.com

ISBN 978-2-36541-608-5
EAN 9782365416085

Jean-Gabriel Perboyre, le lotois mort sur la croix (Album en couleur) **de François-Antoine de Quercy.**

© **Jean-Luc PETIT - BP 17 - 46800 Montcuq France**

www.ingramcontent.com/pod-product-compliance
Lightning Source LLC
Chambersburg PA
CBHW040220220526
45473CB00001B/60